Reinhard Gerer

DIE KLEINEN TRICKS DER GROSSEN KÖCHE

Für den täglichen Gebrauch aufgezeichnet von Conny Bischofberger

ORBIS VERLAG

Genehmigte Sonderausgabe 2000
Orbis Verlag für Publizistik, München
in der Verlagsgruppe Bertelsmann GmbH

Copyright © 1993 by Verlag Orac
im Verlag Kremayr & Scheriau, Wien
Alle Rechte vorbehalten
Illustrationen: Gerti Gnan
Technik: Alfred Hoffmann
Satz: Digitalsatz Robitschek, Wien
Druck und Bindearbeiten:
Graphischer Großbetrieb Pößneck GmbH
ISBN 3-572-01149-3

Inhalt

Vorwort 7

Handhabung 8

Kleines Glossar zur österreichischen Küche 9

Der Autor *11*

Aal 13
Apfel 14
Apfelstrudel 14
Aromat 15
Artischocken 15
Ausfetten 17
Austern 18
Avocados 20
Biskuit 21
Blätterteig 22
Braten 23
Bratwurst 25
Bries 25
Broccoli 26
Brot 27
Butter 28
Chicorée 30
Cremes 31
Croûtons 31
Eier 32
Einbrenn 37
Ente 38
Farce 39
Fett 40
Fisch 41

Fleisch 44
Folie 45
Forelle 46
Frieren 48
Fritieren 49
Geflügel 51
Gemüse 52
Germ — Hefe 55
Gewürze 56
Glasuren 57
Gratins 57
Grießnockerln 58
Gulasch 59
Grillen 60
Huhn 62
Hülsenfrüchte 63
Hummer 63
Kalbsbrust 65
Käse 65
Kaiserschmarren 66
Karfiol 67
Kartoffeln 67
Kaviar 69
Knoblauch 71
Knödel 72

Kohlsprossen 74
Kraut 75
Kräuter 75
Kren 76
Lachs 76
Langustinen 76
Leber 77
Mark 77
Mayonnaise 78
Mehl 78
Melonen 79
Melanzani 79
Mengen 80
Mürbteig 81
Muscheln 81
Niere 82
Nudeln 82
Nüsse 84
Obers 85
Omelett 86
Palatschinken 87
Paprika 89
Pariser Schnitzel 89
Pfannen 90

Pfeffer 91
Pilze 92
Pommes frites 93
Pudding 94
Reis 94
Salat 97
Salz 99
Salzburger Nockerln ... 100
Samen 101
Saucen 101
Schnee 104
Spargel 105
Stärke 107
Steaks 108
Strudel 111
Suppe 112
Teig 114
Tomaten 115
Topfen 115
Würstel 116
Wiener Schnitzel 117
Zitronen 120
Zitrusfrüchte 121
Zwiebel 121

Gewürztabelle 126

Gemüsekalender 140

Obstkalender 142

Vorwort

Dieses Buch ist kein Kochbuch. Dieses Buch enthält keine Rezepte.
Dieses Buch ist eine Sammlung von Tips, die beim Kochen den „kleinen Unterschied" ausmachen. Tricks, mit denen Sie den Schritt vom Kochen zur Kochkunst machen. Auch wenn Sie vom Kochen nicht allzuviel verstehen.
Dieses Buch enthält Antworten auf Fragen, die sich jeder schon einmal gestellt hat. Fragen, die uns die herkömmlichen Kochbücher meist schuldig geblieben sind.
Gott sei Dank.
Denn sonst wäre dieses Buch nicht entstanden.
Am Anfang dieses Buches stand eine Aktion der Tageszeitung „Kurier". Dort beantwortete der Küchenchef des exklusiven Restaurants „Korso" bei der Wiener Oper, Reinhard Gerer, Fragen von Köchen und Köchinnen.
Nicht Rezepte wollten sie haben, sondern Klarheit in scheinbar banalen Fragen: „Wieso fällt mein Gugelhupf immer zusammen?", „Warum wird der Zwiebelrostbraten zäh?", „Wie bekommt das Wiener Schnitzel seine Wellen?"
Reinhard Gerer bekam Berge von solchen Briefen. Der Platz im „Kurier" reichte nicht aus, all diese Fragen zu beantworten.
Auch deshalb ist dieses Buch entstanden.
Die Journalistin Conny Bischofberger zeichnete Gerers „kleine Tricks" auf.

7

Handhabung

Die Fragen nach Tips und Tricks sind alphabetisch geordnet, von „Aal" bis „Zwiebel".
Wollen Sie wissen, warum Ihr Steak nicht saftig wird, so suchen Sie unter dem Stichwort „Steak" genau diese Frage.
Wenn Sie sich fragen, warum Ihr Kaiserschmarren nicht flaumig wird, so suchen Sie unter dem Stichwort „Kaiserschmarren".
Wenn es sich bei Ihrem Problem um keine fertige Speise handelt, so sehen Sie einfach unter dem entsprechenden Stichwort (zum Beispiel Salz, Mengen, Fritieren, Braten usw.) nach.

Die kleinen Tricks der großen Köche stammen von einem österreichischen Spitzenkoch. Sie sind daher in der österreichischen Küchensprache verfaßt.

Da sich die Küche dieses Landes durch ihre Spezialitäten weltweit einen Namen gemacht hat, wird es auch für die Nachbarn kaum Verständigungsprobleme geben. Sollten Sie sich bei einem Ausdruck dennoch nicht ganz sicher sein, schlagen Sie im nachfolgenden Glossar nach.

Kleines Glossar zur österreichischen Küche

Beiried	Roastbeef
Beuschel	Lunge, wird in Österreich samt Herz verwendet
Brösel	Paniermehl
Dalken	böhmische Süßspeise
Drahtwaschel	Topfkratzer
Einbrenn	Mehlschwitze
Erdäpfel	Kartoffeln
faschieren	durch den Fleischwolf drehen
Faschiermaschine	Fleischwolf
Faschiertes	Hackfleisch
Fisolen	grüne Bohnen
flotte Lotte	Küchengerät zum Pürieren von Gemüse
glattes Mehl	gewöhnliches Weizenmehl
Gugelhupf	süddeutscher Napfkuchen
Heidelbeeren	Blaubeeren
Kaiserschmarren	österreichische Süßspeise
Kalbsbries	Kalbsmilch
Karfiol	Blumenkohl
Karotte	eine Mohrrübenart, Goldrübe
Knödel	Kloß
Kohl	Wirsing
Kohlsprossen	Rosenkohl
Kraut	Weißkohl

Krautfleckerln	österreichische Spezialität aus Kohl und Nudeln
Krautstrudel	österreichische Spezialität
Kren	Meerrettich
Krusperl	knusprige Kruste
Mehlspeisen	Süßspeisen wie Strudel, Torten, Kuchen u. ä. (nicht Cremen, Desserts)
Nockerln	Spätzle
Obers	Schlagsahne oder Schlagrahm
Palatschinken	hauchdünne, süß oder pikant gefüllte Pfannkuchen
Rahm, Sauerrahm	saure Sahne
Rote Rübe	Rote Bete
Salzburger Nockerln	österreichische Soufflé-Spezialität
Saft	Bratensatz, Brühe, Sauce
Schlagobers	Schlagsahne
Stelze	Haxe, Eisbein
Strudel	gefüllte Teigrolle, die gebacken oder gekocht wird
Suppe	Bouillon, Brühe
Tafelspitz	gekochtes Rindfleisch
Teigwaren	Nudeln
Topfen	Quark
Vogerlsalat	Rapunzel, Feldsalat
Weckerln	Brötchen

Der Autor

Reinhard Gerer, 1955 in Zeltweg in der Steiermark geboren, zählt zu den bemerkenswertesten großen Köchen Österreichs.

Dabei waren seine Anfänge gar nicht so vielversprechend: Er war ein mäßiger Berufsschüler. Im Fach „Kochen" verpaßten ihm die Lehrer sogar ein „Nicht genügend", weil er mit ihren festen Regeln nicht zurechtkam.

Während seiner Lehre in der „Wieselburger Bierinsel" am Rande des Wiener Praters verschrieb er sich mit großer Leidenschaft der Hausmannskost: dem Schnitzel, den Stelzen, Kraut und Knödeln.

Sehr bald begab er sich auf berufliche Wanderschaft. Er studierte bei internationalen Starköchen wie Heinz Winkler, Werner Matt, Paul Bocuse und Eckart Witzigmann.

Als er 1980 nach Wien zurückkehrte, war die „Nouvelle cuisine" gerade in Hochblüte.

Dennoch entwickelte Gerer eine eigene Philosophie der feinen Küche, einen unverwechselbaren Stil, ohne jedoch die tiefen Wurzeln in der österreichischen Küche zu verlieren.

Im exklusiven „Le Pialée" feierte er seine ersten großen Erfolge, das legendäre „Mattes" kochte er in eineinhalb Jahren mit zwei Hauben im Gault Millau und einem Michelin-Stern zur ersten kulinarischen Adresse Wiens.

1984 wechselte Reinhard Gerer ins Restaurant „Korso", dessen Konzept er tragend mitbestimmte und wo er mit Phantasie, Engagement und Liebe zum Detail höchste Kochkunst zelebriert.

Gerers Art zu kochen ist einfach und logisch. Sein Prinzip lautet: wenige Zutaten, diese allerdings von bester Qualität, vollendet harmonisiert.

Deshalb ist Gerers Küche für ambitionierte Hausfrauen und Hobbyköche besonders interessant.

Gerers „kleine Geheimnisse" sind auch für Laien leicht anwendbar – eben weil sie einfach und logisch sind.

In diesem Buch gibt er Antwort auf Hunderte Fragen. In diesem Buch verrät er Hunderte Handgriffe, die das Kochen perfekter und vor allem vergnüglicher machen.

Wie verhindert man das Austrocknen von Räucheraal?

Räucheraal, der im Kühlschrank aufbewahrt wird, bleibt schön saftig, wenn man seine Haut mit Öl einreibt.

Welche Apfelsorte wofür?

Süße Sorten (zum Beispiel Golden Delicious, Roter Delicious, Cox Orange, Kronprinz) werden für Fruchtsalate bzw. für Speisen, die mit Zucker nicht mehr aufgebessert werden müssen (also ohnehin schon süß genug sind), verwendet.

Saure Sorten (zum Beispiel McIntosh, Gloster, Ida-Red, Boskop) nimmt man in erster Linie für Speisen wie Strudel, gebackene Apfelspalten oder warme Desserts.

Wieso wird Apfelkren braun?

Äpfel verfärben sich durch Lichteinwirkung. Mit einem kleinen Trick kann man das verhindern: Den Apfel schälen und *sofort* mit einer Zitrone einreiben (ihn in zitronengesäuertes Wasser zu legen, hilft wenig). Dann schaben und noch einmal mit etwas Zitrone beträufeln. In ein flaches Gefäß geben und ganz kurz aufkochen. Nach diesem Garvorgang bleibt der Apfel schön weiß.

A P F E L S T R U D E L

Wieso schmeckt Apfelstrudel manchmal nach Blech?

Weil er nach dem Backen nicht vom Blech genommen worden ist. Liegt er dort zu lange, oxidiert der ausrinnende Saft des Apfels (wenn das Blech nicht emailliert ist) mit dem Metall. So kommt es, daß der Strudel nach Eisen statt nach Strudel schmeckt.

Ist Aromat „erlaubt"?

Erlaubt schon, aber nicht unbedingt notwendig. Es verbessert jedoch – zugegebenermaßen – den Geschmack von Teigwaren- und Gemüsegerichten (zum Beispiel gebundene Gemüse-Eintöpfe, Cremespinat etc.).

A R T I S C H O C K E N

Wie behalten Artischocken ihre Farbe?

Jedenfalls nicht, wenn man sie, wie so oft empfohlen wird, in Essigwasser einlegt. Nehmen Sie statt dessen eine halbe Zitrone und reiben Sie den Artischockenboden damit ab. Anschließend *verkehrt* in eine Schüssel legen, so daß der Boden nach oben zu liegen kommt – denn die Lichteinstrahlung verfärbt die Frucht. Das Kochwasser sollte zudem stark mit Essig oder Zitrone und Salz versetzt sein.

Tip: Mit einem Schuß Olivenöl ins Kochwasser werden Artischocken besonders geschmackvoll.

Achtung: Artischocken zugedeckt kochen!

Wieso werden Artischocken beim Kochen bitter?

Artischocken werden dann bitter, wenn sie vor dem Kochen nicht fachgerecht geputzt worden sind. Der Stiel darf nämlich nicht abgeschnitten werden.

Richtig ist: Den Strunk der Artischocke *abreißen*, fast herausziehen. So entfernt man die Fäden, die die Artischocke bitter werden lassen *(siehe Illustration)*.

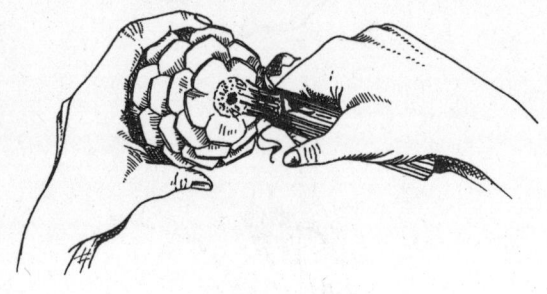

Wie fettet man mühelos aus?

Man stellt die Form kalt. Das erlaubt ein mühelo-
ses Auspinseln mit flüssiger Butter. Danach aus-
zuckern *(siehe Illustration)*.

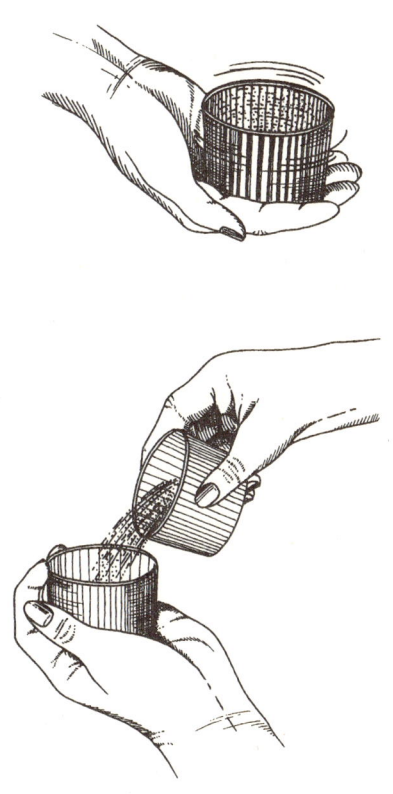

Wie erkennt man, ob Austern frisch sind?

Austern haben in den Monaten mit einem „r", also von September bis April, Saison.
Ob sie frisch sind, erkennt man sowohl an ihrem Äußeren als auch an ihrem Inhalt: Die Auster soll kompakt sein – so, als hüte sie eine Perle. Sie muß glänzen und duften – und zwar nach frischem Meer. Und sie darf nicht ausgeronnen sein.

Wie werden Austern gelagert?

Austern dürfen Sie prinzipiell nur in geschlossenem Zustand kaufen (das gilt auch für Muscheln). Gelagert werden sie am besten zwischen drei und sechs Grad plus, nie darunter, weil auch die Temperatur der natürlichen Umgebung der Auster nicht darunter liegt. Bei zu hoher Temperatur springen die Austern auf, rinnen aus und werden ungenießbar. Austern sollen immer mit der gewölbten Seite nach unten gelagert werden.

Wie öffnet man Austern?

Man braucht dazu einen sogenannten Austern-
brecher, das ist ein kurzes Messer mit stumpfer
Klinge. Man faßt die Auster mit einem Tuch, um
sich an der rauhen Schale nicht zu verletzen.
Bei *Belon-Austern* schiebt man die Messerklinge
am hinteren Ende zwischen die Schalenhälften
und öffnet die Austern mit einem kräftigen Ruck.
Fines Claires öffnet man an jener Seite, an der sich
der Muskel der Auster befindet *(siehe Illustration)*:

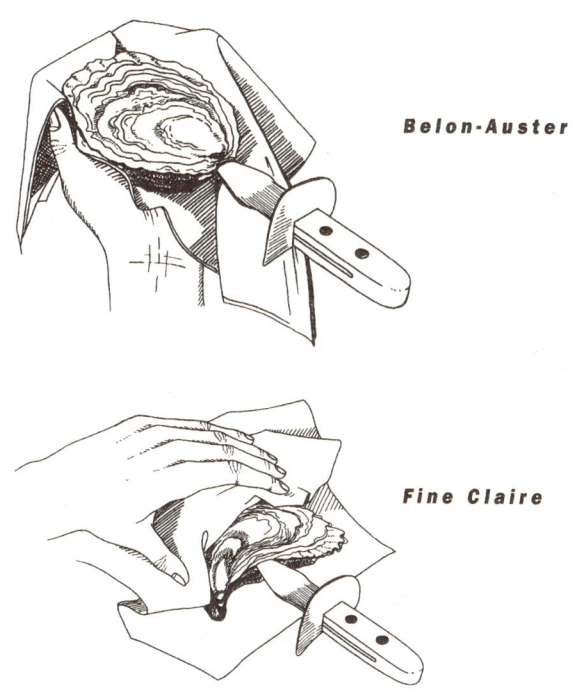

Belon-Auster

Fine Claire

19

Wieso werden Avocados schwarz?

Avocados enthalten einen großen Anteil an Fett. Wenn Luft und Licht dazukommen, verfärbt sich das Fruchtfleisch schwarz. Die einzige Möglichkeit, das zu verhindern, ist: Avocados nach dem Aufschneiden unverzüglich mit etwas Zitrone beträufeln und sofort verwenden.

Wurde die Avocado geraume Zeit vor dem Servieren geöffnet, so sollte der Kern nicht gleich entfernt werden. Es empfiehlt sich, die Hälften mit der offenen Seite nach unten auf einen Teller zu legen, so daß weder Luft noch Licht dazukommt.

Wie läßt man Avocados reifen?

Man wickelt sie in Zeitungspapier und läßt sie bei Zimmertemperatur reifen. Es gibt Köche, die behaupten, daß der Reifevorgang sich beschleunigt, wenn die Früchte auf Bananen gelagert werden ...

Wieso bricht die Biskuitroulade?

Das passiert, wenn die Roulade zu lange im Back-
rohr war. Durch die Hitze trocknet sie aus und
bricht. Deshalb soll sie sofort nach dem Backen
aus dem Rohr genommen, mit Feinkristallzucker
bestreut und in Papier eingerollt werden.

Wie löst sich das Biskuit leichter vom Papier?

Sie legen das Biskuit auf ein feuchtes Tuch und
lassen es einige Zeit lang Flüssigkeit ansaugen.
Dann läßt es sich ganz einfach in Streifenform her-
unterziehen.

Wie verhindert man das Einsinken von Früchten beim Obstkuchen?

Wenn Sie eine Biskuitmasse mit Früchten belegen, tauchen Sie diese vorher kurz in Mehl. So
sinken sie nicht zu Boden, sondern bleiben an der
Oberfläche.

Wie gelingt Blätterteig?

Drei Grundregeln muß man bei Blätterteig immer beachten:

1. Die Butter (oder Margarine) muß absolut frisch und erstklassig sein.

2. Die Form darf nicht gebuttert, sondern nur mit Wasser ausgespült werden! Auf gebutterter Form würde der Blätterteig nämlich unten zu schnell braun werden.

3. Für den Teig glattes Mehl, für den Butterziegel griffiges Mehl verwenden.

Tip: Wichtig ist es, auf gekühlter Unterlage zu arbeiten. Profis verwenden dafür eine Marmorplatte.

Wie gelingt das Krusperl am Bauchfleisch ...

Das Bauchfleisch mit der Schwartenseite nach unten in eine Pfanne mit kochendem Knoblauch-Kümmel-Fond geben, das Fleisch einige Minuten überkochen, herausnehmen und mit dem Messer feine Einschnitte auf der Oberseite machen. Mit Salz, Pfeffer, Kümmel und Knoblauch würzen. Dann ins heiße Rohr geben. Beim Braten darauf achten, daß die Hitze über zwei Drittel des Bratvorganges hindurch gleichmäßig auf Ober- und Unterhitze verteilt ist, und erst gegen Ende des Bratvorganges auf maximale Oberhitze geschaltet wird.

... und beim Jungschweinsbraten mit Schwarte?

Der Schweinsbraten soll zuerst kurz in einem Knoblauch-Kümmel-Fond blanchiert werden. Dann an der Oberseite leichte Einschnitte anbringen (in der Fachsprache sagt man dazu „schröpfen"), mit Salz, Pfeffer, Kümmel, Knoblauch und eventuell Paprika würzen. Schließlich wird der Braten auf eine Knochen- oder Gemüse-Zwiebel-Unterlage in die Pfanne gelegt und bei mäßiger Temperatur, etwa bei 220 Grad, gegart. Im letzten Drittel der Bratzeit wird noch einmal leicht nachgesalzen und die Temperatur auf 250 Grad erhöht. So springt das Schwartl auf, und der Braten wird schön knusprig.

Vorsicht: Nicht zuviel salzen, sonst bleibt am Schluß in der Pfanne eine Salzkruste übrig, und Sie können den Saft nicht verwenden.

Wann ist der Braten gar?

Der Braten ist gar, wenn der nach dem Nadeleinstich heraussickernde Fleischsaft kein Blut mehr enthält.

Wie verhindert man
das Platzen von Bratwürsten?

Wenn man sie vor dem Braten kurz in ein wenig kalter Milch wendet.
Außerdem dürfen Bratwürste – wie sämtliche Würste generell – nie gekocht werden. Man darf sie nur in wallendes Wasser legen.

B R I E S

Welches Kalbsbries ist das beste?

Bei Kalbsbries ist die Qualität des Rohprodukts besonders wichtig. Man unterscheidet zwischen der kompakten, rundlichen Bries-Rose, dem sogenannten weißen Bries, und dem länglichen Teil des Brieses, der oft grobkörnig und „zerfleddert" ist. Versuchen Sie, beim Einkauf möglichst *kompaktes* und *helles* Bries zu bekommen.

Wie wird Kalbsbries weiß?

Indem man es über Nacht in einem Behälter mit Wasser in den Kühlschrank stellt oder einige Zeit unter fließendem Wasser wässert. So werden eventuell verbliebene Blutreste aus dem Bries gewaschen.
Durch diese Prozedur werden gleichzeitig auch die Bitterstoffe entfernt.

Wie werden Broccoli gleichmäßig gar?

Indem man die Stangen über Kreuz kräftig einschneidet. So werden Röschen und Stangen gleichzeitig „durch".

Wie lagert man Brot?

Angeschnittenes Brot mit einem Stück Alufolie abdecken, damit es nicht austrocknet. In einem Jutesack in der Brotlade oder in ein Baumwolltuch eingeschlagen bleibt es am längsten frisch.

Achtung: Brot auf keinen Fall in einem Plastiksackerl verschlossen halten, da es sonst schnell zu schimmeln beginnt.

Kann man Brot einfrieren?

Ja. Dies soll jedoch nur in ganz frischem Zustand geschehen. Das Brot mit Klarsichtfolie fest umwickeln. Vor dem Auftauen auspacken.

Was tun mit altem Brot?

Aus altem Brot lassen sich herrliche Gerichte zubereiten. Zum Beispiel eine kräftige Brotsuppe. Das Brot in kleine Stücke schneiden, warme Rindsuppe darübergießen, aufquellen lassen, mit einem Schneebesen verschlagen, gut aufkochen lassen. Etwas Majoran, Salz und frischen Pfeffer dazugeben. Mit einem verquirlten Ei verfeinern.

Wieso gerinnt die Buttersauce?

Diese herrliche Begleiterin zu gebratenem Fleisch oder auch zu Fisch hat einen großen Nachteil: Buttersauce liegt schwer im Magen, weil sie sehr fett ist. Auch ihre Herstellung ist für Ungeübte immer wieder ein Problem. Schon vor ihrer Zubereitung hat man Angst davor, daß sie gerinnen könnte. Eine ganz leicht verdauliche – und auch leicht nachzukochende – Variante der Sauce Hollandaise funktioniert so:

In einem blitzsauberen Kessel 2 Eidotter und 1/16 Liter Weißwein über Dampf langsam aufschlagen. Sobald eine ähnliche Konsistenz wie bei geschlagenem Schnee erreicht ist, sobald sich also die Masse schwer vom Löffel trennen läßt, gibt man 3–4 Eßlöffel temperierte Butter dazu und rührt sie unter.

Um sich jetzt die Zeremonie einer Reduktion zu ersparen, würzt man mit Salz, frisch gemahlenem Pfeffer und einer Prise gekörnter Brühe, sei es mit Hühnerbrühe oder mit einem Rindsuppenkonzentrat.

Hat man auch frische Kräuter wie Estragon, Basilikum oder Kerbel zur Hand, kann man die Sauce nach eigenem Geschmack variieren. Etwas Zitronensaft oder ein Spritzer Essig verhilft zu einer weiteren Geschmacksanreicherung.

Tip: Auf dieser Basis lassen sich auch herrliche Saucen speziell zu Fisch oder zu Geflügel herstellen.

Wie klärt man Butter?

Man läßt sie in einer kleinen Pfanne zergehen, schäumt sie ab und gießt sie ohne den Bodensatz um.

Wofür braucht man geklärte Butter?

Zum Braten (bei normaler Butter verbrennt die Molke) und für alle Buttersaucen.

Tip: Gebräunte Butter verleiht Speisen einen extravaganten Nußgeschmack.

Wie behält warmer Chicorée seine Farbe?

Wenn Sie Chicorée blanchieren bzw. warm servieren wollen, kochen Sie ihn auf, jedoch nicht nur einige Sekunden, sondern etwa eine Minute lang. Dann behält er seine schöne, helle Farbe.

Wieso wird Chicorée bitter?

Chicorée, auch belgischer Endiviensalat genannt, enthält Bitterstoffe. Er verliert den bitteren Geschmack, wenn man ihn geschnitten eine halbe Stunde lang in warmes Wasser legt.

Wie gerinnen Cremes nicht?

Wenn man sie im Wasserbad zubereitet. Vor allem Eigelb muß im Wasserbad eingerührt werden, weil die Hitze der Kochplatte zu stark wäre.

Wie werden Croûtons knusprig?

Beim Rösten von Weißbrotwürfeln ist *reichliche* Verwendung von Butter oberstes Gebot. Die Weißbrotwürfel sollten leicht schwimmen, sonst werden sie ungleich braun und saugen sich mit Fett an. Die Folge: Sie sind nicht nur fett, sondern auch zäh.

Nach dem Bräunen bis zu goldbrauner Farbe abseihen, sofort mit einem Küchenkrepp gut abtupfen.

Achtung: Die Croûtons ziehen nach! Sie werden wie Zwiebel beim Rösten dunkler.

31

Wie erkennt man, ob Eier frisch sind?

Es gibt drei Arten, das festzustellen:

1. Durch Schütteln: Ein frisches Ei, das einen Tag alt ist, wiegt bei mittlerer Größe etwa 50 Gramm. Die Luftkammer am abgerundeten Ende des Eies ist kaum wahrnehmbar. Jeden weiteren Tag nimmt dieses Volumen ein wenig zu.

Wenn man ein ganz frisches Ei nahe beim Ohr schüttelt, so hört man absolut nichts. Bei älteren Eiern vernimmt man schwache, dumpfe Laute.

2. Im Wasser: Ein frisches Ei geht im Wasser unter, ein eine Woche bis zehn Tage altes Ei dagegen schwimmt an der Oberfläche.

3. Beim Aufschlagen: Beim Aufschlagen muß das Eiweiß eine dicke Schicht über dem Dotter bilden. Keinesfalls soll es in die Breite auseinanderrinnen. Testen Sie auch den Geruch sowie die Farbe des Dotters. Zu bedenken ist jedoch, daß ein schöner gelber Dotter heute auch schon künstlich erzeugt werden kann!

Wie lange bleiben Eier frisch?

Bedauernswerterweise hat nicht jeder einen Hühnerstall ums Eck – so ist man bei den Eiern auf das Angebot der Supermärkte bzw. Greißler angewiesen.

Generell soll man nur Nesteier kaufen – wer einmal gesehen hat, wie erbärmlich Hühner in Legebatterien dahinsiechen, dem schmeckt sein Frühstücksei garantiert nicht mehr so gut. Prinzipiell bleiben Eier etwa 14 Tage lang frisch. Diese Frist sollte man sich bis zum Verbrauch setzen.

Daß Eier durch Überbrühen in kochendem Wasser haltbar gemacht werden können, ist bestenfalls ein schlechter Scherz.

Tip: Eier nehmen durch ihre Schale hindurch leicht Fremdgerüche an. Deshalb niemals neben Knoblauch, Zwiebeln oder Lauch im Kühlschrank aufbewahren!

Kann man Eigelb aufbewahren?

Ja. Man gibt es in ein sehr kleines Gefäß und gießt vorsichtig etwas kaltes Wasser darüber. So bildet sich eine Schutzschicht, und das Eigelb kann nicht austrocknen. Im Kühlschrank aufbewahren.

Tip: *Reste von Eigelb machen Suppen feiner (siehe auch: Legieren von Suppen).*

Wie lange kocht man Eier?

Das kommt natürlich auf die Größe an. Als Faustregel gilt jedoch:

weiches Ei: 3–4 Minuten
wachsweiches Ei: 6–7 Minuten
hartes Ei: etwa 10 Minuten

Unter welchen Bedingungen springen Eier beim Kochen nicht auf?

Eier dürfen nie direkt aus dem Eiskasten ins kochende Wasser gelegt werden! Dann springen sie auf. Entweder zuerst auf Zimmertemperatur erwärmen lassen oder an der Breitseite mit einer Nadel vorsichtig anstechen.

Wie lassen sich Eier leichter schälen?

Indem man sie nach dem Kochen etwas unter fließend kaltem Wasser abschreckt. Dadurch löst sich die Schale mühelos.

Welche Eier sind die besten?

Eier von „glücklichen", also natürlich gehaltenen Hühnern sind zu bevorzugen. Sie sind zwar ein bißchen teurer als Eier aus Legebatterien, doch der Unterschied im Geschmack rechtfertigt die Preisdifferenz bei weitem.

Achtung: Eier niemals waschen, auch wenn „glückliche" Hühner ihre Spuren darauf hinterlassen haben! Waschen zerstört die natürliche Schutzschicht der Eier, und sie verderben leichter.

Was tun, wenn harte Eier beim Schneiden kleben?

Tauchen Sie das Messer vor jedem Schnitt in sehr kaltes oder heißes Wasser. Dann bleibt das Eigelb nicht kleben.

Wie behält das Spiegelei seinen Glanz?

Spiegeleier dürfen während des Bratens nicht gesalzen werden! Das Salz nimmt dem Spiegelei sofort seinen Glanz. Deshalb kommen perfekte Spiegeleier ungewürzt auf den Tisch, man würzt sie erst nach dem Servieren.

Was ist das Geheimnis von perfekten Spiegeleiern?

Perfekte Spiegeleier werden in kurz aufschäumende Butter eingeschlagen und am Herdrand langsam ca. 4 Minuten gegart. Dann *zugedeckt* weitere 2–3 Minuten garen lassen; so wird auch die Oberfläche des Dotters warm.

Achtung: *Wenn die Pfanne zu kalt ist, werden die Spiegeleier an der Unterseite beim Braten hart!*

Wie gelingt die Einbrenn?

Prinzipiell: Für eine Einbrenn immer geklärte Butter (aber wer hat die schon?) oder gereinigte Butter, sprich Butterschmalz, verwenden.

Das „Grundrezept": Ein halbes Kilo Butter auf 600 Gramm Mehl. Für zwei Eßlöffel geklärte Butter (oder Butterschmalz) braucht man einen Eßlöffel Mehl.

Vor allem für die Zubereitung der blonden oder *braunen* Einbrenn (zum Beispiel fürs Kalbsbeuscherl) sollten Sie sich Zeit nehmen. Denn wenn man dabei zu flott und mit zuviel Hitze ans Werk geht, wird das Mehl hart, und es bindet dann nicht mehr so gut.

Für die *weiße* Einbrenn (zum Beispiel für gebundene Cremesuppen) braucht man weniger Zeit: Bei geringer Hitze eher langsam rühren, und zwar nur einige Minuten – so lange, bis der Rohmehlgeschmack verschwunden ist.

Was ist die einfachste und schnellste Einbrenn?

Viele Spitzenköche schwören auf die sogenannte „Mehlbutter": Ein nußgroßes Stück Butter mit einem Eßlöffel glattem Mehl vermischen, durchkneten. Diese kalte Einbrenn kann im Kühlschrank über eine Woche aufbewahrt werden und ist so immer griffbereit.

Wie gießt man die Einbrenn auf?

Entweder man hat eine kalte Einbrenn und gießt mit heißem Fond auf, oder man hat eine heiße Einbrenn und gießt mit kaltem Fond auf.

Wichtig: Immer mit einem Schneebesen ans Werk gehen!

Wie wird die Ente knusprig?

Man wäscht sie vor dem Braten mit heißem Wasser ab und läßt sie dann einige Stunden in der Küche bei Zimmertemperatur liegen.

Achtung: Die Ente beim Servieren nicht mit Sauce übergießen, sonst war die ganze Mühe umsonst.

Wie gelingt die Farce?

Die Farce ist Voraussetzung für Terrinen, feinste Nockerln, Fisch- und Kalbfleischmousse. An die Farce wagen sich nur wenige Köchinnen und Köche heran, weil sie den Ruf hat, häufig zu mißlingen. Aber so schwer ist es gar nicht, eine Farce zuzubereiten, gewisse Regeln darf man allerdings nicht außer acht lassen.

Wenn Sie Nockerln machen, sollte das zu verarbeitende Produkt (z. B. Fisch oder Kalbfleisch) ebenso kalt sein wie das einzurührende Obers. Sowohl Fisch als auch Fleisch sollten immer in kaltem Zustand durch die Faschiermaschine gedreht werden. Danach sofort salzen, weil Salz eine bindende Wirkung hat, und ein Eiklar dazugeben – erst dann kann mit dem Einmixen des Obers begonnen werden. Die Reihenfolge ist also: faschieren, würzen, durchrühren oder mixen, bindende Mittel wie Eiweiß oder Eigelb dazugeben, durchrühren, warten bis eine Bindung entsteht und dann erst mit dem Obers vollenden.

Welches Fett wofür?

Butter: zum Verfeinern von Speisen aller Art. Nicht für hohe Temperaturen verwenden, weil die in der Butter enthaltenen Eiweißteilchen bereits bei 90 Grad verbrennen.

Butterschmalz: eignet sich gut für hohe Temperaturen (Palatschinken, Dalken, Mehlspeisen).

Halbfettmargarine: eignet sich nur als Brotaufstrich.

Kaltgepreßtes Öl: qualitativ hochwertiges Öl, das viele ungesättigte Fettsäuren enthält. Es wird für Salate verwendet, nicht aber zum Kochen.

Margarine: kann wie Butter verwendet werden. Besteht zu 80 Prozent aus Fett (sie wird vorwiegend aus pflanzlichen Ölen und Fetten hergestellt).

Öl: hochwertige, speziell gehärtete Öle verwendet man zum Braten und Fritieren. Sie können bis auf etwa 190 Grad erhitzt werden, ohne zu verbrennen.

Schlachttier-Fette (Kernfette, zum Beispiel Gänse-, Schweine-, Entenschmalz): eignen sich zum Braten und Dünsten bei hohen Temperaturen, da sie – weil sie wasserfrei sind – nicht spritzen. Weniger gut geeignet zum Fritieren.

Nierenfett: kann zum Verfeinern und Auflockern von Faschiertem verwendet werden. Einfach eine kleine Menge mitfaschieren.

Wie lagert man Fett?

Fette müssen vor Licht, Luft, Wärme und Fremd-gerüchen geschützt werden! Wenn Fett beim Bra-ten oder Backen qualmt oder sich verfärbt, ist es überhitzt worden. Überhitzte Fette sind *gesund-heitsschädlich*.

FISCH

Wie erkennt man,
ob ein Fisch frisch ist?

Fangfrischer Fisch hat, wie man so sagt, ein stolzes Auftreten, einen *klaren Blick* sowie einen nach Moos oder Meer riechenden *zarten Film*. In keinem Fall darf frischer Fisch nach Fisch riechen oder gar einen üblen *Geruch* verbreiten. Ein weiteres Merkmal: die schönen roten *Kiemen*. Das *Fleisch* muß kompakt sein, weil es noch die sogenannte Starre in sich hat.

Wie lagert man Fisch?

Die richtige Kühltemperatur für Fisch beträgt 3 Grad.

Wieso bleibt Fisch oft
in der Pfanne kleben?

Dieses Ärgernis tritt in erster Linie bei gefrorenen Fischen wie Dorschfilets, die in Ziegelform gefroren werden, auf. Diese Fische werden auf dem Schiff zuerst schockgefroren und erst dann in Portionen geschnitten. Wenn der Fisch dann auftaut, fällt er auseinander.

Deshalb: Gefrorenen Fisch vor dem Garen oder Braten *nicht auftauen* lassen. Fisch würzen, eventuell panieren und noch in gefrorenem Zustand ins heiße Fett einlegen. Wenn Sie den Fisch braten: würzen, links und rechts gut in Mehl wälzen und in eine beschichtete Pfanne ins heiße Fett einlegen.

Wie beizt man Fisch?

Um eine möglichst gleichmäßige Aufteilung von Salz bzw. Kräuterstoffen zu erzielen, bringt man am vorderen Teil des Fisches an der Außenseite kleine Einschnitte an: damit auch hier – und nicht nur in den dünnen Schwanz (der sonst zu salzig wird) – die Duft- und Aromastoffe gleichmäßig einziehen können.

Tip: Auch wenn man aufs Beizen vergessen hat, ist noch nichts verloren. Ganz im Gegenteil – man kann die gesamte Prozedur sogar noch beschleunigen: und zwar, indem man die Menge des Dills sowie des Salzes und der Kräuter erhöht und den Fisch nicht, wie vorgesehen, zwei Tage im Kühlschrank beizen läßt, sondern bei normaler Raumtemperatur. Durch die Wärme dringt die Beize schneller durch.

Wie würzt man Fisch?

Grundsätzlich: Fisch soll dezent gewürzt werden, weil sonst der Eigengeschmack übertönt wird. Am besten nur salzen, eventuell leicht mit frisch gemahlenem Pfeffer bestreuen.
Nur derbere Fische (zum Beispiel Drachenkopf, Makrele, Karpfen, Zander und Hecht) vertragen pikanteres Würzen.

Tip: In die Alufolie ein paar Löffel Weißwein schütten, den Fisch und die Gewürze mit „einpacken" – und der Fisch ist perfekt gewürzt!

Wie friert man Fleisch richtig ein?

Das Frieren von Fleisch sollte prinzipiell ganz rasch geschehen. Dafür ist das Tiefkühlfach oder das Eiswürfelfach im Kühlschrank nicht geeignet, weil die Wasserzellen im Fleisch durch das langsame Frieren bersten. Dieses Wasser rinnt dann beim Auftauen aus. Folge: Das Fleisch wird in der Pfanne trocken und sperrig. Übrigens: Die normale Kühltemperatur für Fleisch beträgt wie für Fisch 3 Grad .

Wieso bleibt Fleisch oft zäh?

Es gibt eine ganz wichtige Grundregel: Fleisch sollte man prinzipiell nie sofort servieren. Speziell Steaks, Rindfleisch und Rostbraten müssen nach dem Braten *rasten*. Nach etwa fünf Minuten noch einmal in die heiße Pfanne legen und nachbraten. Erst dann servieren. Dadurch kann sich das Fleisch „entspannen", und der Saft bzw. die Hitze verteilen sich gleichmäßig in alle Fasern.

Tip: *Speziell Kalbfleisch wird schön mürb, wenn man es mit dünnen Ananas-Scheiben belegt.*

Wie wird auch mageres Fleisch saftig?

Mit einem Trick, den man auch bei Geflügel und Wild anwenden kann: Die Fleischstücke mit grünem Speck umhüllen. Grüner Speck kommt vom Rücken des Schweines und ist geschmacksneutral. Mit diesem Speck kleidet man auch Terrinen aus, der Speckmantel schützt vor dem Austrocknen.

F O L I E

Wie wendet man Alufolie richtig an?

Es ist nur wichtig zu wissen, welche Seite was kann. Die *glänzende* Seite schirmt Hitze ab, die *matte* Seite läßt Hitze durch.
Wenn man also etwas im Rohr warmhalten möchte, dann sollte die glänzende Seite nach außen schauen (zum Beispiel Schweinsbraten). Will man hingegen etwas schnell garen, so muß die matte Seite nach außen gekehrt sein (zum Beispiel Folienkartoffeln).

Was „kann" die Klarsichtfolie?

Sie eignet sich hervorragend zum Garen von Fischen. Einfach die Folie buttern, mit frischen Kräutern bestreuen und damit den Fisch einschlagen, einwickeln und bei Dampf garen (dafür gibt es spezielle Kessel mit Siebeinsätzen). Die Lebensmittelklarsichtfolien, die im Handel erhältlich sind, halten absolute Garung bei großer Hitze aus.

Wie behält die Forelle ihre blaue Farbe?

Den Fisch nur vorsichtig waschen, dabei möglichst wenig anfassen, denn der Schleim muß auf der Fischhaut bleiben. Dieser bewirkt beim Kochen nämlich die Blaufärbung.

War man beim Waschen unvorsichtig, so legt man die Forelle vor dem Kochen fünf Minuten lang in Wasser ein.

Wie filetiert man Forellen?

Am besten überlassen Sie diese Arbeit dem Fisch-
händler.
Wollen Sie es selbst machen, dann so: mit einem
scharfen, eventuell biegsamen Messer hinter den
Kiemen einschneiden und Filets entlang des Rück-
grates lösen. Verbliebene Gräten auszupfen *(siehe
Illustration)*.

Tip: *Gilt auch für andere hochrückige Fische.*

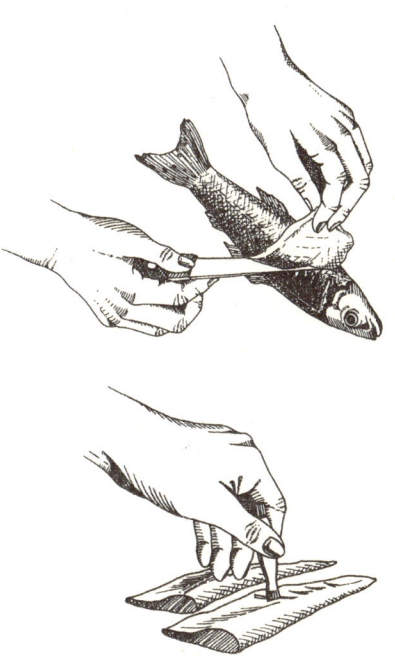

Was darf man nicht einfrieren?

Prinzipiell mindert das Einfrieren von Speisen –
mit wenigen Ausnahmen, wie zum Beispiel das
Einfrieren von Erbsen – sowohl deren Qualität als
auch deren Geschmack.
Keinesfalls dürfen eingefroren werden: Schaltiere,
Kaviar, Eier, Milchprodukte, Käse etc.
Hingegen ist der Tiefkühlschrank sehr nützlich
beim Einfrieren von Bouillon, Fond, Saucen etc.
Auch Kokosette, Nüsse und Mohn können in gemahlenem Zustand tiefgefroren portionsweise aufbewahrt werden.

*Tip: Friert man Bouillon, Saucen etc. wie Eiswürfel ein,
so hat man immer eine kleine Dosis zur Hand.*

Wieviel Grad muß das Fett haben?

Die richtige Fettemperatur liegt zwischen 170 und 190 Grad. Machen Sie den Test: Wenn ein Weißbrotwürfel darin goldbraun wird, dann können Sie mit dem Fritieren beginnen.

Wieviel Fett zum Fritieren?

Der Fritiertopf bzw. die Fritierpfanne darf höchstens bis zu zwei Drittel, muß aber mindestens bis zu einem Drittel gefüllt sein. Elektrofriteusen füllt man bis zur Markierung.

Wie wird Fritiertes knusprig?

Wichtig ist, daß das Fett vor dem Einlegen heiß genug ist. Sonst saugt sich das Fritiergut voll und wird schließlich fett statt knusprig.

Tip: Erst nach dem Herausbacken und Abtropfen würzen.

Wie oft kann man Fritierfett verwenden?

Am besten nur einmal, höchstens jedoch dreimal. Mittlerweile gibt es schon speziell gehärtete Fette, die eine Hitze bis zu etwa 190 Grad aushalten.

Wie entsorgt man altes Fett?

Auf keinen Fall darf altes Fett in den Abfluß ge-schüttet werden. Es verstopft erstens die Rohre und belastet zweitens die Gewässer enorm. Altes Speiseöl gehört auf den Komposthaufen. Wer kei-nen Garten hat, sammelt es in Gläsern und gibt es zur Problemstoffsammlung.

Es gibt Firmen, die Speiseöl von großen Restau-rants sammeln. Sie kommen auf Wunsch auch in private Haushalte. Erkundigen Sie sich bei den Wirten Ihrer Umgebung.

Woran erkennt man frisches Geflügel?

Vor allem an den scharfen Krallen. Abgewetzte Krallen erzählen ganze Bände über das Leben eines Tieres. Noch schlimmer ist es, wenn gar keine Krallen mehr vorhanden sind. In diesem Fall handelt es sich um ein hochgezüchtetes Tier, bei dem sich alles, was nicht eßbar ist, im Laufe der Generationen total zurückgebildet hat.

Weitere Merkmale eines frischen Tieres: das elastische Brustbein, die straffe Schenkelhaut. Keinesfalls darf ein Tier trübe Augen oder eine fleckige Haut haben. Jeder eigenartige Geruch ist ein Warnsignal!

Wie behält Gemüse beim Kochen die schöne Farbe?

Grünes Gemüse (Broccoli, Blattspinat etc.) wird auf hoher Stufe gekocht bzw. blanchiert. Dann muß es *sofort* in (ebensoviel) eiskaltem Wasser abgeschreckt werden. Durch diesen kleinen Trick behält es seine schöne tiefgrüne Farbe.

Tip: *Grüne Erbsen behalten ihre Farbe, wenn man dem Kochwasser etwas Zucker beigibt.*

Wieso verliert Gemüse seinen Geschmack?

Vielleicht stimmt die Kühltemperatur nicht! Gemüse darf nämlich nicht zu kühl gelagert werden – nicht umsonst haben die Kühlschränke ein sogenanntes „Gemüsefach". Die ideale Kühltemperatur beträgt etwa 6–8 Grad.

Wie wird Gemüse knackig?

Indem man es so kurz wie möglich gart! So bleiben nicht nur Vitamine und Mineralstoffe erhalten, das Gemüse schmeckt dann auch kräftiger. Es sollte möglichst in gleich große Stücke geschnitten werden, weil Sie so die kürzest mögliche Garzeit wählen können. Sind ungleiche Stücke zusammen in einem Topf, werden die einen verkocht, die anderen zuwenig gar. Außerdem soll Gemüse in möglichst wenig Flüssigkeit gegart werden.

Tip: Schütten Sie die Flüssigkeit nicht weg! Sie enthält wertvolle Mineralstoffe und ist eine hervorragende Grundlage für Suppen und Saucen.

Wieso wird Gemüse matschig?

Das kommt besonders häufig bei stark wasserhältigem Gemüse wie Zucchini, Melanzani, Gurken, Kürbis etc. vor. Dieses Gemüse sollte in einer möglichst großen Pfanne gebraten werden – alle Stücke müssen rasch mit dem heißen Boden in Berührung kommen. Weiters sollte die Hitze nach dem Einlegen des Gemüses noch gesteigert werden können. Sonst besteht die Gefahr, daß das Gemüse zuviel Wasser läßt und im eigenen Saft dünstet. Dann wird es erstens matschig und saugt zweitens das Bratfett auf.

Wie gelingt Julienne auch einem Laien?

Julienne nennt man in feinste Streifen geschnittenes Gemüse oder Fleisch (zum Beispiel Beuschel). Wenn Sie eine Küchenmaschine besitzen, gelingt Ihnen die Julienne mit dieser natürlich am besten. Bestimmtes Gemüse (zum Beispiel für Wurzelfleisch) kann man auch mit der Raspel zerkleinern.

Tip: *Schneiden Sie das Fleisch bzw. Gemüse zuerst mit der Brotschneidemaschine in gleich dünne, feine Scheiben und sodann mit dem Messer in Streifen (siehe Illustration).*

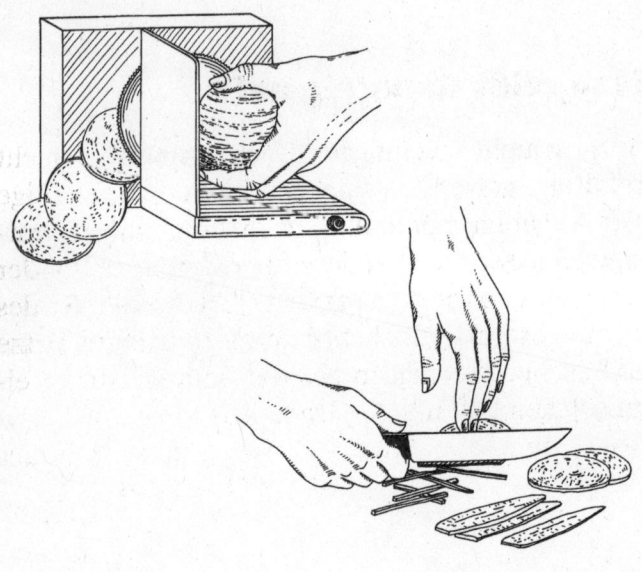

Wie gelingt der Germteig?

Nur durch ein sicheres Rezept, an das man sich genauestens halten sollte.

Zutaten:

1/2 kg Mehl
40 g frische Germ
1/4 l Milch
70 g Zucker
4 Dotter
50 g Butter
etwas Vanille
Salz
geriebene Zitrone
1 Schuß Rum

Wieso reißt Germteig auf?

Das geschieht, wenn die Backtemperatur nicht sorgfältig gewählt wurde. Hundertprozentige Grad-Angaben können hier nicht gemacht werden, weil jeder Herd anders funktioniert und jeder Thermostat anders reagiert. Das Reißen des Germteiges hat jedoch fast immer zu hohe Hitze als Ursache. Verringern Sie die Temperatur in einem solchen Fall um 20 Grad.

Wieso wird der Germteig großporig?

Wenn der Teig zu großporig wird, hat er mit hoher Wahrscheinlichkeit zu lange gerastet.

Was tun, wenn man überwürzt hat?

Man kocht noch länger in einem offenen Topf. Das macht die Speisen meist milder.

Wie wird ein Gericht feurig?

Pfeffer allein genügt nicht. Experimentieren Sie auch mit Tabasco, mit der superscharfen Chili-Pfefferschote (frisch oder getrocknet erhältlich), mit Cayennepfeffer und scharfem Paprikapulver. All das macht Gerichte richtig feurig.

Achtung: *Paprika und Cayennepfeffer werden beim Erhitzen bitter. Man darf sie deshalb nicht anbraten.*

Wie bekommen Glasuren ihren Glanz?

Durch Öl: Geben Sie deshalb in die zimmerwarme Glasur einen kleinen Schuß geschmacksneutrales Pflanzenöl.

Wieso werden Gratins wäßrig?

Sie sollten das Gemüse, anstatt es zu blanchieren, nach dem Schneiden in Olivenöl kurz anbraten, bevor Sie es würzen bzw. mit Kräutern oder Knoblauch abschmecken. So läßt das Gemüse beim Überbacken kaum noch Wasser. Besonders bei Eierfrüchten (Auberginen, Zucchini, Melanzani) kommt es durch diese spezielle Art der Zubereitung auch zu einer wesentlichen Geschmacksverbesserung.

Warum bleiben Grießnockerln „sitzen"?

Das geschieht, wenn man sich nicht hundertprozentig an das Rezept hält:

Sie brauchen 1 Ei, gleich viel (schwer) Butter, die doppelte Menge an Grieß und Salz sowie etwas Muskatnuß.

Butter schaumig rühren, nach und nach Eidotter sowie Eiklar dazugeben. Wenn die Butter das Ei aufgenommen hat, wird der Grieß untergerührt und mit Salz und Muskat gewürzt.

Die Masse zu einer Kugel formen, zusammendrücken und eine halbe Stunde rasten lassen. Danach die Nockerln formen und einkochen. Die Butter kann auch leicht erwärmt werden, das Ei wird mit einer Schneerute in die flüssige Butter eingeschlagen, der Grieß dazugegeben, gewürzt. Diese Masse 20 Minuten im Kühlschrank rasten lassen, danach die Nockerln formen.

GRIESSNOCKERLN

Wie werden Nockerln gekocht?

In leicht gesalzenem, wallenden Wasser, und zwar exakt 6 Minuten. Sodann auf die Seite ziehen, mit einem guten Schöpfer eiskaltem Wasser abschrecken, zudecken und ziehen lassen. Nach etwa einer halben bis dreiviertel Stunde gehen die Nockerln genauso auf, als hätten Sie einen Butterabtrieb gemacht.

Achtung: Sollten die Nockerln nicht aufgehen, kann der verwendete Grieß bereits alt gewesen sein.

GULASCH

Wieso wird Gulasch bitter?

Weil Sie mit dem Paprika nicht richtig umgehen. So wird's gemacht: Nach dem Rösten der Zwiebeln das Gulasch auf die Seite stellen, überkühlen lassen und den Paprika *erst jetzt* beimengen! Umrühren, ganz kurz aufsaugen lassen und dann erst aufgießen.

Wenn Sie den Paprika erst *nachträglich* in die Sauce geben, kann er seinen Geschmack nicht optimal entfalten.

Geben Sie den Paprika gleich *beim Rösten* zum Gulasch, wird er bitter.

Also: Reihenfolge unbedingt beachten!

Welches Fleisch zum Grillen?

In erster Linie durchzogenes Fleisch. Ist das Fleisch zu mager, dann trocknet es oft aus. Bei Beiried ist darauf achten, daß der Fettrand oben bleibt. Schweinskoteletts sollen ebenfalls einen leichten Fettrand haben. Diesen mit einer Messerspitze leicht einschneiden, weil sich das Kotelett sonst zusammenzieht.

Wie wird das Gegrillte saftig?

Man wickelt das Fleisch in gebutterte Alufolie und legt es in „verpacktem" Zustand auf den Grill. So kann der Saft nicht abtropfen, und die Stücke trocknen nicht aus. Besonders große Fleischstücke sollten Sie beim Braten mit dick geschnittenen Markscheiben belegen. Sie bewahren das Fleisch so zusätzlich vor dem Austrocknen.

Wie hält man Gegrilltes warm?

Am besten mit einer Alufolie. Die Folie ist auch nützlich, wenn Sie Fisch und Fleisch zugleich oder kurz nacheinander grillen, weil das Fleisch den Fischgeschmack so nicht annehmen kann. Man wickelt den Fisch in eine gebutterte Alufolie und legt ihn auf den Grill.

Wie wird Gegrilltes zart?

Auch beim Grillen gilt die Regel: Das Fleisch
nicht sofort servieren, sondern immer etwas am
Grillrand rasten lassen. So können sich die Fasern
entspannen, und der Saft verteilt sich wieder im
Fleisch.

Wann ist Gegrilltes gar?

Hier gelten die selben Regeln wie beim Kochen
am Herd (siehe: Steaks).

Wie verhindert man Qualmbildung?

Zu starke Rauchentwicklung beim Grillen kann
verhindert werden, indem man überschüssiges
Fett, das ins Feuer zu triefen droht, von den
Fleischstücken abwischt. Das Fleisch sollte nur
trocken auf den Grill gelegt werden.

Wie tranchiert man ein Huhn?

Mit einem scharfen, kräftigen Messer, am besten
jedoch mit einer Tranchier- oder Küchenschere.
Zuerst die Keulen abschneiden, dann die Flügel
mit dem sie umgebenden Fleisch abschneiden. Zu-
letzt mit der Schere das Huhn halbieren.

*Tip: Um beim Tranchieren das Wegrutschen des
Schneidbrettes zu vermeiden, legt man ein feuchtes
Tuch darunter.*

Wie wird das Huhn knusprig?

Indem Sie es kurz vor dem Fertigbraten mit etwas
Butter bepinseln bzw. löffelweise *kaltes* Wasser
daraufspritzen.

HÜLSENFRÜCHTE

Wie kocht man Hülsenfrüchte?

Linsen oder Bohnen dürfen nur in *ungesalzenem* Wasser gekocht werden, weil sie sonst sehr langsam weich werden oder immer einen gewissen Kern behalten.

Erbsenschoten, Fisolen usw. müssen hingegen in *stark gesalzenem* Wasser gekocht werden, sonst nimmt das Gemüse beim Abschmecken kaum noch Geschmack an.

HUMMER

Wie sieht frischer Hummer aus?

Krustentiere müssen ganz generell noch *quietschlebendig* sein, wenn Sie sie kaufen. Tiere, die sich kaum oder nur noch träge bewegen, sind meistens — wie man in der Fachsprache sagt — „ausgeronnen". Die Konsequenz: Das Fleisch zerfällt beim Garen oder wird trocken.

Wie kocht man Hummer?

Hummer muß lebend gekauft werden. Die Scheren sind meist zusammengebunden. Man faßt das Tier am Rücken und wäscht es unter fließend kaltem Wasser. Um das Tier möglichst rasch zu töten, wirft man es mit dem Kopf voran ins kochende Wasser und drückt es mit einem Kochlöffel fünf Minuten lang hinein. Nach dem Kochen färbt sich der Hummer rot.

Wie lange kocht man Hummer?

Das hängt von der Größe des Hummers bzw. der Languste ab, im Normalfall wiegen die angebotenen Produkte zwischen 500 und 700 Gramm, wofür die Kochzeit 4–5 Minuten beträgt. Weitere 5 Minuten läßt man sie am Herdrand ziehen.

Frische Flußkrebse gibt man in stark kochendes Wasser, läßt sie einmal kurz aufkochen und dann zugedeckt ebenfalls am Herdrand ca. 10 Minuten ziehen.

Wie behält die Kalbsbrust ihre Fülle?

Die Kalbsbrust wird zuerst mit der Oberseite nach oben zugedeckt ins Rohr geschoben und dann nach der halben Garzeit umgedreht, sodaß sich die gebräunte Oberseite, die ja am Schluß aufgeschnitten wird, durch das Aufgießen leicht aufweicht. Das ist wichtig, denn eine „knusprige" Kalbsbrust würde beim Aufschneiden ausrinnen.

KÄSE

Wie wird Käse gelagert?

Am besten in einem feuchten Keller. Da aber viele nicht über einen solchen verfügen, muß der Käse im Normalfall im Kühlschrank gelagert werden. In diesem Fall wird der Käse mit feuchten Tüchern eingeschlagen. So verhindert man zumindest, daß der Käse vorzeitig schimmelt oder austrocknet.

Achtung: Käse einen halben Tag vor dem Servieren aus dem Kühlschrank nehmen und Zimmertemperatur annehmen lassen.

Wie rinnt Käse beim Panieren nicht aus?

Gebackener Emmentaler bzw. panierter Käse generell gelingt nur dann perfekt, wenn die Panade *unverletzt* bleibt. Also sorgfältig panieren und darauf achten, daß keine „Löcher" in der Panade sind (siehe auch: Wiener Schnitzel).

K A I S E R S C H M A R R E N

Wie wird der Kaiserschmarren besonders schmackhaft und flaumig?

Mit einem einfachen Trick: Man nimmt etwas weniger Milch, dafür einige Löffel Sauerrahm.

Wie wird Karfiol gleichmäßig gar?

Indem man die Stangen über Kreuz kräftig einschneidet. So werden Röschen und Stangen gleichzeitig „durch" *(siehe Illustration)*.

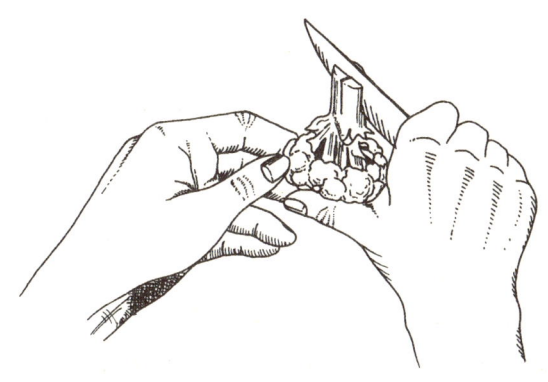

K A R T O F F E L N

Welche Kartoffeln eignen sich wofür?

Prinzipiell: *Mehlige Kartoffeln* eignen sich für Püree bzw. Suppen, *speckige Kartoffeln* für Salate, Röst und Bratkartoffeln. Für Folienkartoffeln besonders große, mehlige Kartoffeln verwenden.
Sollten Sie auch zu Ihrem täglichen Löfferl Kaviar eine Kartoffel essen wollen, wählen Sie ebenfalls ein mehliges Exemplar.

Wieso verfärben sich Kartoffeln?

Durch Lichteinwirkung. Das ist jedoch nicht weiter schlimm. Beim Garvorgang verschwindet diese Fermentierung wieder, und die Kartoffeln erhalten ihre ursprüngliche Farbe zurück.

Wie werden Kartoffeln schneller gar?

Kartoffeln, die in der Schale gekocht werden, sollten möglichst gleich groß sein, damit sie zur gleichen Zeit weich sind. Ist das nicht möglich, die größeren mit der Gabel einstechen. Sie garen dann schneller.

Wie kocht man blitzschnell eine Kartoffelsuppe?

Ganz schnell geht's so: Geschälte rohe Kartoffeln in dünne Scheiben schneiden. 1 Eßlöffel gehackte Zwiebel in etwas Butter glacieren, die Kartoffeln dazugeben, kurz anschwitzen, mit Rindsuppe aufgießen, rund 15 Minuten auskochen lassen. Dann mit dem Stabmixer grob pürieren, etwas Butter einrühren und die üblichen Gewürze wie Salz, Pfeffer und frischen Majoran dazugeben.

Warum werden Bratkartoffeln fett?

Bratkartoffeln werden dann fett, wenn das Öl in der Pfanne beim Einlegen nicht heiß genug ist. In diesem Fall saugen sich die Kartoffeln mit Fett voll und werden auch nicht knusprig.

K A V I A R

Wie erkennt man frischen Kaviar?

Kaviar muß trocken und glasig sein. Die Oberfläche der Originaldose bzw. des Glases darf nicht schmierig oder von einer Fettschicht überzogen sein. Etwas ausgetretenes Öl vom Gummirand schadet aber nicht. Schmeckt der Kaviar sauer, dann ist er nicht richtig gelagert worden (Händler wechseln!).

Bei nicht pasteurisierten Produkten, also bei Frischware, die in erster Linie in Dosen angeboten werden, muß man besonders vorsichtig sein. Keine Dosen kaufen, die schon einmal geöffnet worden sind (das erkennt man am Gummirand).

Falls an der Oberfläche des Kaviars weiße Pilze erkennbar sind: *höchste Gefahr!* Dieser Kaviar ist verdorben!

Kann man Kaviar lagern?

Wenn man eine größere Menge Kaviar nicht auf einmal essen kann, so drückt man ein kleines Stück abgerindetes Weißbrot in den Kaviar, verschließt die Dose und bestreicht den Dosenrand mit etwas Butter oder Kernfett. So ist die Dose luftdicht abgeschlossen. Man lagert sie bei 0–2 Grad plus.

Prinzipiell sollte man geöffneten Dosenkaviar ehemöglichst verzehren, allerspätestens jedoch eine Woche nach dem Öffnen.

Wie wird Kaviar serviert?

Immer auf gestoßenem Eis in der Originalpackung, also in der Dose oder im Glas. Man gibt einen Elfenbein- oder Hornlöffel dazu (das gilt übrigens auch fürs Frühstücksei!).

Wieso wird Knoblauch bitter?

Das geschieht, wenn er zu lange angebraten wird. Deshalb immer nur kurz in der Pfanne lassen!

Wie wird Knoblauch zerkleinert?

Am besten mit einer Knoblauchpresse. Zerkleinern Sie den Knoblauch „händisch", so werden die Zehen grob geschnitten und mit Salz bestreut: So entwickeln sich die Aromastoffe optimal. Dann mit dem Rücken eines Messers zerdrücken *(siehe Illustration)*.

Wie schmeckt Knoblauch dezenter?

Wenn man nur den Topf oder die Schüssel mit einer längs halbierten Knoblauchzehe ausreibt. Oder: eine ungeschälte Knoblauchzehe mitgaren und vor dem Servieren herausnehmen.

Wieso fallen Knödel auseinander?

Wenn Ihre Knödel im Kochwasser zerfallen, so kann dies zwei Ursachen haben: Entweder Sie haben zuviel Flüssigkeit verwendet, oder aber es ist zuwenig Ei bzw. kein oder zuwenig Mehl enthalten.

Also: Entweder etwas (griffiges) Mehl nachgeben oder die Knödel kurz vor dem Kochen noch einmal in glattem Mehl wälzen und abermals formen.

Tip: Serviettenknödel kann man auch in eine gut gebutterte Alufolie einschlagen, was ich für hygienischer und auch praktischer halte, weil die Knödel nicht direkt mit dem Wasser in Berührung kommen.

Welches Obst für Obstknödel?

Prinzipiell nur frisches, einwandfreies Obst. Tiefgefrorene Früchte lassen zuviel Wasser, und die Knödel rinnen in der Folge aus.

Wieso fallen Obstknödel auseinander?

Das passiert dann, wenn die Knödel nicht gut verschlossen sind bzw. Mehl zwischen den Schließstellen verblieben ist.

Wie weichen frische Knödel nicht auf?

Das Vollsaugen mit Wasser verhindern Sie mit einem ganz einfachen Trick: Legen Sie einen Teller verkehrt in jene Schüssel, in der Sie die Knödel anschließend auch servieren wollen *(siehe Illustration)*. Unter diesem Teller sammelt sich das abtropfende Wasser. So behalten die Knödel erstens ihre Form und weichen nicht auf, zweitens halten sie sich durch den aufsteigenden Dampf selbst warm.

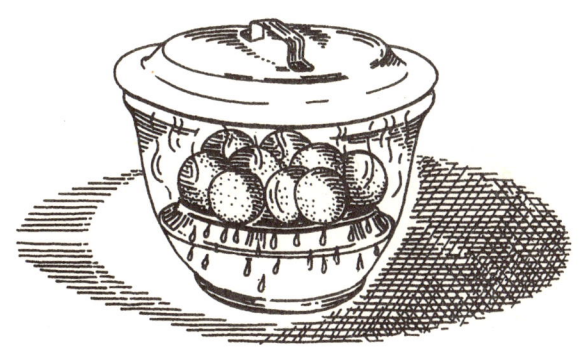

Wie kocht man Obstknödel?

Man legt sie in leicht gesalzenes, wallendes (nicht kochendes) Wasser. Eine Vanilleschote oder Vanillezucker sowie einen Schuß Rum beigeben und 12–15 Minuten lang wallen lassen.

Wichtig: Knödel immer im offenen Topf garen!
Keinesfalls soll das Wasser kochen, sondern sich nur
leicht kräuseln. Vorsichtshalber eine Tasse kaltes
Wasser bereithalten, mit dem Sie einen kleinen
„Kälteschock" erreichen, so die Flüssigkeit
zu heiß werden sollte.

Wie werden Kohlsprossen gleichmäßig gar?

Indem man die Stangen über Kreuz kräftig einschneidet. So werden Röschen und Stangen gleichzeitig „durch".

Wieso schmeckt Kraut oft fad?

Um einen optimalen Geschmack bei Weißkraut, zum Beispiel für Krautfleckerln oder Krautstrudel, zu erreichen, ist es wichtig, das Kraut scharf mit einer Prise Zucker goldgelb anzurösten. So ergibt sich eine leichte Karamelisierung, und der Strudel bzw. die Fleckerln schmecken besonders fein.

K R Ä U T E R

Wie schneidet man Kräuter richtig?

Schnittlauch, Petersilie sowie Basilikum oder Estragon müssen sehr unterschiedlich und sorgsam behandelt werden.

Schnittlauch: wird fein in eine Richtung geschnitten.

Petersilie: kann gehackt werden, aber niemals zu fein, da sie sonst grasig schmeckt und nicht mehr den typischen Petersiliengeschmack hat.

Basilikum: sollte man auch nur in grobe Stücke schneiden, am besten mit der Schere oder, wenn Sie vorsichtig sind, mit dem Messer. Sonst besteht die Gefahr, daß es sich unschön verfärbt.

Achtung: Kräuter prinzipiell nie zu fein hacken!

Wieso wird Kren bitter?

Kren wird dann bitter, wenn er aufgekocht wird.
Deshalb Saucen mit Kren niemals aufkochen.

Wie verhindert man das Austrocknen von Lachs?

Wenn Lachs, zum Beispiel gebeizter oder Räucherlachs, im Kühlschrank aufbewahrt wird, die Haut mit Öl einreiben und in eine Klarsichtfolie einschlagen. So bleibt er schön saftig.

Wie sehen frische Langustinen aus?

Langustinen müssen am Schwanz hellrosa sein, keinesfalls dürfen sie schwarze Flecken aufweisen.

Wie läßt sich die Haut der Leber leichter abziehen?

Indem man sie vorher rund eine Minute in heißes Wasser legt.

Wie schmeckt Leber milder?

Man legt sie vor dem Braten einige Zeit in Milch. Das entzieht ihr die Bitterstoffe.

Wieso wird Leber oft hart?

Leber wird dann hart, wenn man sie zu früh salzt. Das soll man erst nach dem Garwerden und unmittelbar vor dem Servieren tun.

M A R K

Wie wird Suppenmark schön weiß?

Rindermark für eine Suppe über Nacht in leicht gesalzenem Wasser stehen lassen und am nächsten Tag unter fließendem Wasser kurz auswässern. Das zieht das Blut aus dem Mark, und es wird schön weiß.

Wie gelingt die Mayonnaise?

Wichtig ist, daß alle Zutaten gleich temperiert sind: Rund 15 Grad sollten sie haben. Das Öl anfangs löffelweise einrühren und warten, bis eine Bindung entsteht. Erst am Schluß das Tempo beschleunigen. Flüssigkeit wie Zitronensaft oder Wasser zum Verdünnen erst am Schluß beimengen.

Ein für allemal – welches Mehl wofür?

Griffiges Mehl verwendet man für Speisen, die flaumig werden sollen (Mürb- oder Biskuitteig, diverse Tortenmassen, Bäckereien, auch zum Binden von Knödeln und für Butternockerln).

Gemischtes Mehl (am besten mischt man es selbst!) für Germ- oder Brandteig.

Glattes Mehl für Strudelteig. Beim Blätterteig für den inneren Teil griffiges, für den äußeren Teil (zum Einschlagen) glattes Mehl verwenden.

Wie erkennt man, ob Melonen reif sind?

Zuckermelonen müssen stark duften.
Wassermelonen müssen ebenfalls nach Frucht und Reife riechen.
Wenn man am Strunk tastet, muß er etwas nachgeben, also elastisch sein.

MELANZANI

Wieso werden Melanzani bitter?

Melanzani enthalten natürliche Bitterstoffe, die vor der Zubereitung „entfernt" werden müssen. Das geht so: Man salzt die Melanzani kräftig vor der Zubereitung und läßt sie ziehen. Auch möglich: Sie legen die Melanzani einige Zeit in Milch ein.

Tip: Diese Vorgangsweise ist auch bei Auberginen anzuraten.

Wie kocht man nicht zuviel und nicht zuwenig?

Kleine Mengenlehre:
Wieviel für 1 Portion?

Austern, Schnecken: 6–12 Stück
Eintopfgerichte (z. B. Chili con carne, Ritschert):
2 Schöpfer (gut 1/4 l)
Erdäpfel als Beilage: 200 g
Erdäpfel als Hauptgericht: 400 g
Fleisch mit Knochen: 200–250 g
Fleisch ohne Knochen: 180–200 g
Fisch mit Gräten: 350–450 g
Fischfilet: 160 g
Geflügel mit Knochen: 250 g
Geflügel ohne Knochen: 160 g
Gemüse als Beilage: 200 g
Gemüse als Hauptgericht: 250–400 g
Muscheln (mit Schale): 500 g
Nudeln als Beilage (ungekocht): 50 g
Nudeln als Hauptgericht (ungekocht): 70 g
Nudeln als Suppeneinlage (ungekocht): 15 g
Reis als Beilage (ungekocht): 40 g
Reis als Hauptgericht (ungekocht): 70 g
Sauce: 2–3 EL
Suppe: 1 Tasse (gut 1/8 l)

Wie gelingt Mürbteig?

Mürbteig wird leicht brandig. Um das zu verhindern, soll die verwendete Butter stets temperiert sein, aber keinesfalls zu weich.
Weiters ist es wichtig, daß alle Zutaten möglichst rasch miteinander vermengt werden, damit die Butter nicht austritt.

M U S C H E L N

Wie wäscht man Muscheln?

Unter fließendem, kalten Wasser gegeneinander fest abreiben und den an der Seite befindlichen Bart abzupfen *(siehe Illustration)*.

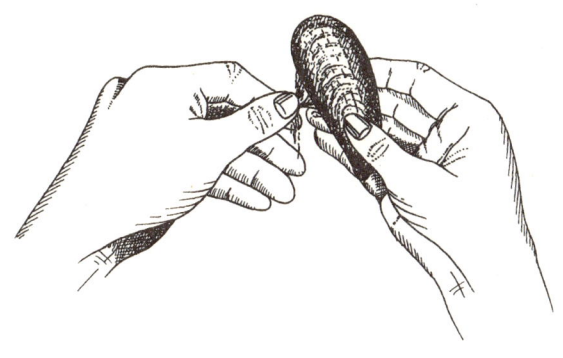

Wieso wird Niere oft hart?

Das geschieht – wie bei der Leber – dann, wenn man sie zu früh salzt. Salzen soll man erst nach dem Garen.

Wie werden die Nudeln „al dente"?

Durch die richtige Kochzeit, über die aber selbst Meisterköche keine genauen Angaben machen können – das ist Gefühlssache. Al dente sind Nudeln dann, wenn sie Ihrem Gefühl nach noch etwas hart sind. Nudeln ziehen nämlich noch nach. Sind die Nudeln beim Kosten schon weich, dann sind sie fürs Essen zu weich.

Tip: Kurz vor Ende der Garzeit einen Teelöffel Öl ins Kochwasser geben. Das verhindert, daß die Nudeln zusammenkleben.

Es wäre noch anzumerken, daß nur getrocknete Pasta „al dente" sein kann. Frisch gemachter, weicher Teig kann nie einen „Kern" haben (woher sollte der auch kommen?).

Nudeln für Aufläufe müssen um ein Drittel weniger lange gekocht werden, sonst wird der Auflauf „gatschig"!

Wieviel Wasser brauchen die Nudeln zum Kochen?

Nudeln, die perfekt gelingen sollen, müssen in *reichlich* Wasser gekocht werden (pro Person rechnet man gut einen Liter). Ist der Topf zu klein oder wird zuwenig Wasser verwendet, werden die Nudeln „gatschig". Ebenso wichtig: Das Wasser muß *leicht versalzen* schmecken.

Nudeln soll man weder im offenen noch im geschlossenen Topf kochen. Im offenen Topf sprudelt das Kochwasser nämlich nicht genügend, im geschlossenen Topf braust das Wasser leicht über. Ein Trick: Legen Sie zwei Kochlöffel zwischen Topf und Deckel. So bekommen die Nudeln genügend Luft und kühlen dennoch nicht aus *(siehe Illustration)*.

Tip: *Ein besonders feines Aroma erhalten Nudeln, wenn Sie einen Bouillonwürfel ins Kochwasser geben. Auch ein Schuß Weißwein ins Kochwasser gibt den Nudeln eine feine Note.*

Wie schreckt man Nudeln ab?

Nudeln in ein Sieb schütten und *ganz kurz* in kaltem Wasser abschrecken, um weiteres Nachziehen zu verhindern.
Gleich anschließend im Kochtopf etwas Butter zerlaufen lassen und die Nudeln kurz anschwenken und eventuell salzen. Dann servieren.

N Ü S S E

Wie lassen sich Nüsse leichter schälen?

Wenn man sie über Nacht in kalte Milch einlegt. Sie werden dann, im Gegensatz zu in Wasser blanchierten, auch nicht glasig und bleiben schön weiß.

Wie lassen sich Mandeln schälen?

Indem man sie kurz heiß überbrüht, abschreckt und abzieht. Dazu drückt man die Mandeln mit Daumen und Zeigefinger aus der locker sitzenden Haut.

Tip: So sollte man auch beim Schälen von Pistazien vorgehen.

Was macht man falsch, wenn aus Schlagobers Butter wird?

Dann ist das Obers sicher zu warm! In diesem Zustand ist es fast unmöglich, Obers zu schlagen – es wird sofort zu Butter. Deshalb: Kühles Obers verwenden.

Wieso wird Schlagobers nicht schaumig?

Das geschieht, wenn das Obers während des Schlagens nicht genügend Luft aufnehmen kann. Nur mit Luft wird es nämlich schaumig und locker. Vor allem aber braucht die gesamte Prozedur ihre Zeit. Den Mixer also auf niedrigste Geschwindigkeit stellen!

Wie wird Schlagobers schön steif?

Wenn das Schlagobers direkt aus dem Kühlschrank kommt und auch Schüssel und Schneebesen kalt sind. Am besten stellen Sie die Schüssel vorher eine halbe Stunde in den Kühlschrank.

Wie gelingt das Omelett?

Ein optimales Omelett soll auf der Unterseite goldbraun, auf der Oberseite schön glänzend sein. Dazu ist es notwendig, die Pfanne beim Braten immer leicht hin- und herzubewegen. Wenn die Masse zu stocken beginnt, den Stiel der Pfanne leicht anheben, das Omelett an den Rand gleiten lassen, mit dem Pfannenwender zusammenklappen und auf den vorgewärmten Teller gleiten lassen.

Gibt es ein altbewährtes Omelettrezept?

Ja. Es lautet wie folgt: Man schlägt 3 Eier leicht durch und salzt sie. Ein nußgroßes Stück Butter läßt man in einer Pfanne aufschäumen, bis die Butter leicht zu bräunen beginnt. Eier dazugeben. Jetzt beginnen sie, am Rande der Pfanne gar zu werden. Schaufelt man sie mit Hilfe einer Gabel an die Innenseite der Pfanne, so werden sie gleichmäßig durch. Schließlich rollt man sie zu einer schönen Omelettform oder serviert sie offen. Zum Schluß noch ein kleines Stück Butter in die Pfanne geben, um das Omelett an der Unterseite schön zu bräunen.

Wie werden Palatschinken hauchdünn?

Indem man mit viel Gefühl die richtigen Zutaten richtig vermischt!
Das geht so: Sie vermischen Ei, Mehl und Milch mit einem Schneebesen, salzen diese Masse leicht und rühren, bis sie dickcremig ist. Der Teig muß sich wie ein dünner Film über den Löffelrücken ziehen. Zehn Minuten rasten lassen.

Vorsicht: Wenn der Teig nach zehn Minuten wieder dünn wird (auseinanderrinnt), dann geben Sie noch etwas Mehl dazu.

Wie bäckt man Palatschinken?

Die Pfanne mit dem Fett dünn auspinseln, heiß werden lassen und den Palatschinkenteig mit einem Schöpfer in der ganzen Pfanne durch Hin- und Herdrehen „ausgießen". Warten, bis die Oberfläche stockt, dann mittels Palette umdrehen. Profis wirbeln die Palatschinken durch die Luft. Das übt man am besten öfters mit einer Probepalatschinke.

In welcher Pfanne bäckt man Palatschinken?

In einer speziellen Palatschinkenpfanne. Sie ist für das Gelingen Ihrer Palatschinken unumgänglich – nicht umsonst hüten Profis ihre „Crêpe-Pfanne" wie ein Heiligtum.

Am besten eignet sich eine beschichtete Pfanne oder auch eine Eisenpfanne, die aber noch nie einen „Drahtwaschel" gesehen hat! Diese Pfanne darf unter keinen Umständen mit Spülmittel in Berührung kommen.

Vielmehr wird sie nach dem Backen nur ausgewischt und mit Tüchern trockengerieben.

Tip: Neue Palatschinkenpfanne folgendermaßen vorbehandeln: eine kleine Handvoll Salz in die Pfanne streuen und stark erhitzen. Pfanne „ausbrennen", dann mit Küchenkrepp sauber auswischen. So brennen Palatschinken nie mehr an (vorausgesetzt, man verwendet die Pfanne für nichts anderes mehr!).

Welches Fett verwendet man für Palatschinken?

Am besten geklärte Butter (Butter ohne Molke) oder Butterschmalz.

Wie schält man Paprika?

In einer Pfanne mit etwas heißem Fett die gevierteilten Paprika mit der Hautseite anbraten, bis die Haut Blasen wirft. Wenn Sie einen Herd mit starker Oberhitze, mit Grill oder sogar mit Salamander haben, Paprika auf ein Blech legen, etwas Wasser dazuschütten und knapp unter dem Salamander solange braten lassen, bis die Haut ebenfalls Blasen wirft bzw. bis sie stark gebräunt ist. Danach mit eiskaltem Wasser abschrecken und schälen.

PARISER SCHNITZEL

Wie bleibt die Panade am Pariser Schnitzel?

Sollte die Ei- oder die Ei-Käse-Panade nicht haften bleiben, so kann das mehrere Ursachen haben. Die häufigste: Sie verwenden keine beschichtete Pfanne.

Außerdem darf das Fett nicht zu heiß sein (höchstens 120 Grad). Das Fleisch sollte beim Einlegen auf keinen Fall stark aufschäumen. Sodann mit der Hitze gleichmäßig immer höher und höher gehen.

Tip: Sie können auch etwas Weißbrotbröseln unter die Ei-Panade rühren.

Welche Pfannen wofür?

Das ist reine Ansichtssache, wichtig ist nur die Anwendung.

Aluminiumpfanne: Vor dem Braten leer erhitzen, dann die Temperatur testen – ein Tropfen Wasser soll darin tanzen. Jetzt erst das Fett zugeben. Vorsicht bei Butter!

Gußeiserne Pfanne: Vor dem Braten einfetten, hoch erhitzen und erst nach dem Einlegen des Fleisches etc. die Temperatur zurückschalten.

Achtung: Gußeiserne Pfannen niemals spülen, sondern nach dem Braten mit Küchenkrepp auswischen.

Teflonpfanne: Vor dem Braten Fett zugeben, nie leer erhitzen oder zerkratzen! Mit diesen Pfannen kann man auch fettlos braten.

Wie reinigt man Fischpfannen?

Durch Aufstreuen von Salz. Man erhitzt die Pfanne auf dem Feuer. Wenn das Salz braun ist, ist die Pfanne garantiert geruchsfrei. Man wischt sie dann mit Papier aus.

Welcher Pfeffer wofür?

Das ist im Prinzip eine reine Geschmacksfrage. Ein Tip, der die Entscheidung erleichtert: Füllen Sie beide Sorten (den weißen und den schwarzen Pfeffer) zu gleichen Teilen in die Pfeffermühle!

Tip: Frisch gemahlener Pfeffer schmeckt nicht nur scharf, sondern auch herrlich würzig. Deshalb gehört eine Pfeffermühle in jeden Haushalt – nicht nur zur Dekoration. Fertig geriebener Pfeffer taugt nur als Niespulver.

Wie bleibt Pfeffer im Streuer frisch?

Einige ganze Pfefferkörner mit in den Streuer füllen. Das hält den gepulverten Pfeffer streufähig und aromatisiert ihn. Es ist aber in jedem Fall auch bei Tisch eine Pfeffermühle anzuraten.

Wie zerkleinert man Pfeffer?

Wenn Sie gerade keine Mühle zur Hand haben, können Sie Pfefferkörner auch mit diesem kleinen Trick zerkleinern: auf ein Holzbrett geben, eine Plastikfolie darüberlegen und mit dem Boden einer Pfanne zerdrücken.

Wie lagert man Pilze?

Das ist ein besonders heikles Thema. Pilze sollten in der Regel immer so frisch wie möglich verarbeitet werden. Auf keinen Fall luftdicht (zum Beispiel im Nylonsackerl) aufbewahren – deshalb immer mit einem Korb sammeln gehen! In Plastik können sich gesundheitsschädliche Substanzen entwickeln.

Wenn man Pilze lagern muß, so schlägt man sie in ein sauberes Tuch ein und legt sie an einen kühlen Ort.

Tip: Champignons schneidet man sehr bequem mit einem Eischneider gleichmäßig dick (siehe Illustration).

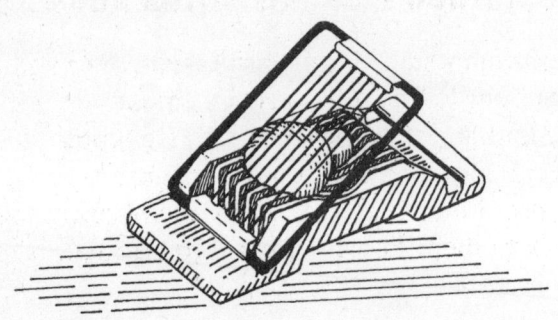

Wie konserviert man Pilze?

Man kann sie einwecken, was ich noch für die beste Konservierungsmöglichkeit halte. Nicht alle Pilze eignen sich zum Haltbarmachen: Die Lamellenpilze oder auch der Parasol sollen nicht eingeweckt werden. Gut eignen sich hingegen Stein- und Herrenpilze. Eine weitere Möglichkeit, Pilze zu konservieren, ist, sie zu schneiden und danach trocknen zu lassen.

P O M M E S   F R I T E S

Wie werden Pommes frites knusprig?

Wenn man sie in zwei Arbeitsgängen produziert. Nach dem Schneiden wässern, damit sie nicht zusammenkleben, danach gut trocknen und in heißem Fett blanchieren, d. h. überbacken; dann herausnehmen und vor dem Servieren noch einmal in heißem Fett bei etwa 170 Grad zu Ende fritieren.

Wie macht man Pudding ohne Haut?

Den Pudding beim Kochen etwas weniger süßen, den restlichen Zucker gleich nach Einfüllen der Masse in die Schüssel auf die Oberfläche streuen. So kann sich keine Haut bilden.

REIS

Wie kocht man Reis?

Den Reis unter fließend kaltem Wasser waschen. In einem Topf etwas Butter oder Öl erhitzen und den Reis darin glasig werden lassen. Mit zwei Tassen Flüssigkeit (Salzwasser oder Würfelsuppe) pro Tasse Reis aufgießen und bei kleiner Hitze quellen lassen.

Tip: Einen halben Bouillonwürfel und eine halbe, mit Lorbeerblatt und Nelke gespickte mitgekochte Zwiebel gibt ein volles Aroma.

Welcher Reis wofür?

Der am häufigsten angebotene Reis ist *geschält.* Das heißt, um weiße Körner zu erhalten, wurden alle Vitamine und Mineralstoffe, die in der Silberhaut enthalten sind, abgeschliffen. Weißer Reis ist zwar lange haltbar, hat jedoch wenig Eigengeschmack und vor allem fast keine Vitalstoffe.

Naturreis besitzt noch alle diese Vitalstoffe. Seine braune Schale verleiht ihm ein besonders kräftiges Aroma. Naturreis braucht jedoch eine Dreiviertelstunde, bis er gar ist. Er wird in erster Linie im Rahmen einer Schonkost und von ernährungsbewußten Konsumenten geschätzt.

Parboiled Reis ist besonders zart und klebt nicht. Außerdem enthält er einige Vitamine und Mineralstoffe. Er paßt gut zu weißem Fleisch.

Wildreis wird aus Flüssen mühsam geerntet und ist dementsprechend teuer. Er ist beinahe schwarz und hat ein pikantes, nußartiges Aroma. Wildreis paßt sehr gut zu Fischgerichten und Krustentieren.

Rundkornreis wird beim Kochen sehr weiß und wird für Risotto, Reisfleisch und Milchreis verwendet.

Wie brennt Reis nicht an?

Ein Trick: Wickeln Sie den Deckel des Topfes in ein Küchentuch! So wird der Reis trocken und brennt nicht an. Reis immer auf kleiner Flamme garen *(siehe Illustration)*.

Achtung: *Reis beim Kochen in Ruhe lassen, nicht umrühren!*

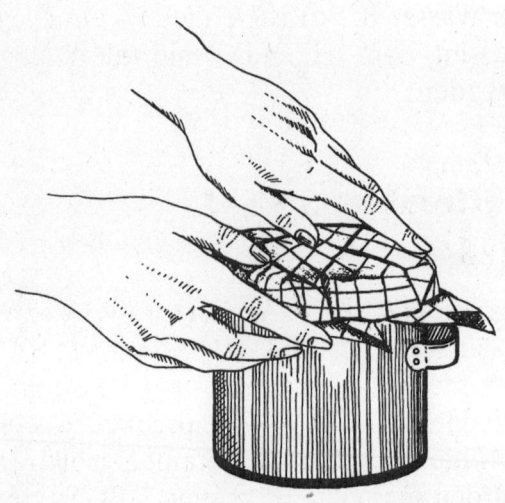

Worauf muß man beim Salatwaschen achten?

Für Bittersalate (Radicchio, Chicorée, Löwenzahn) lauwarmes Wasser verwenden und 20–30 Minuten eingeweicht lassen.

Blattsalate, die schon ein bißchen schlaff sind, ebenfalls in handwarmem Wasser einweichen (das kalte Wasser ist ein zu großer Schock). Nach dem Waschen in ein sauberes Geschirrtuch einschlagen und das Wasser herausschleudern – ein erstklassiges Dressing darf schließlich nie mit Wasser verdünnt werden!

Wie entfernt man Sand vom Vogerlsalat?

Vogerlsalat läßt man am besten bei fließendem Wasser längere Zeit gut wässern. Den Salat aus dem Wasser heben und diesen Vorgang einige Male wiederholen. Besonders dienlich ist ein halbrundes Nudelsieb, das man in einen größeren Topf stellt, in den man Wasser rinnen läßt. So wird der Salat von allen Seiten durchgewaschen und der Sand löst sich.

Wie wird Blattsalat schön knackig?

Indem man ihn kurz vor dem Marinieren in einem Plastiksackerl noch zehn Minuten in den Kühlschrank legt.

Wie bereitet man ein klassisches Dressing zu?

Ganz einfach: Mit erstklassigem Essig, erstklassigem Öl, Salz und Pfeffer; auch „italienisches" Dressing genannt (mit Olivenöl).

Wichtig: Den Essig zuerst in die Schüssel geben, dann erst das Öl langsam unter ständigem Rühren hineinträufeln. Statt Essig kann man auch Zitrone verwenden. Eine stärkere Bindung erreichen Sie, wenn Sie das Dressing mit dem Mixer einmal kurz durchrühren.

Achtung: Das Dressing erst kurz vor dem Servieren über den Salat leeren. In einer geräumigen Schüssel mit bloßen (sauberen) Händen zart vermischen. So haben Sie mehr Gefühl als mit dem Salatbesteck.

Ausnahme: Kartoffel-, Kraut- und Gurkensalat sowie Salate aus Hülsenfrüchten sollen nach dem Marinieren noch längere Zeit ziehen.

Kann man versalzene Speisen noch retten?

Manchmal schon. Man gibt in Scheiben geschnittene, rohe Kartoffeln in die „Bescherung". Diese entziehen der Speise zumindest einen Teil des Salzes.

Achtung: Nicht mehr einkochen lassen, da sonst die Flüssigkeit reduziert wird und die Speise noch versalzener wird.

Wie gelingen Salzburger Nockerln?

Mit den Salzburger Nockerln verhält es sich wie mit dem Wetter – man kann nie voraussagen, wie es wird.

Hier bewährte Mengenangaben aus meiner Lehrzeit in der „Wieselburger Bierinsel":

7 Eiweiß

3 Dotter

1 zarte Handvoll Mehl

etwas Vanillezucker

2 Handvoll Kristallzucker

Die Backtemperatur sollte 250 Grad betragen. Backzeit etwa 6–8 Minuten.

Achtung: Besonders darauf achten, daß der Schnee nicht überschlagen wird! Das Eiweiß muß kalt sein, der Kessel und der Schneebesen blitzsauber.

Wie läßt man Samen keimen?

Die einfachste Methode (zum Beispiel bei Linsen) funktioniert so: etwa vier Stunden wässern, dabei öfter das Wasser tauschen. Ein großes Tablett (auch Backblech) mit einem feuchten Tuch belegen, die Linsen locker darauf verteilen und mit einem weiteren feuchten Tuch abdecken. Tücher stets feucht halten. Die Linsen zweimal am Tag ein paar Minuten in frisches Wasser legen und wieder zurück in die feuchten Tücher geben. Das Backblech in einem gut temperierten Raum (zum Beispiel in der Küche) stehen lassen. Nach fünf bis sieben Tagen sollten sich ein bis zwei Zentimeter lange Keime entwickelt haben.

S A U C E N

Wie macht man eine gute Bratensauce?

Am besten mit dem Saft des Fleisches, der sich auf dem Boden sammelt. Da der Saft für die Sauce jedoch meist nicht ausreicht, ist es wichtig, während des Bratens öfters Flüssigkeit nachzugießen (siehe auch: Binden von Saucen).

Wie verfeinert man Saucen?

Egal ob Sie mit Wein, Portwein, Bier, Sherry oder Cognac verfeinern – alles ist möglich, wenn es nur „paßt".

Womit gießt man was auf?

Schweinsbraten können Sie mit dunklem Bier, Burgunderbraten z. B. mit gutem Rotwein aufgießen.
Zu Wild- und Rindsbraten paßt guter Fino-Sherry oder Cognac.
Geflügel kann man beispielsweise mit Weißwein und Wild mit Rotwein, Portwein und Cognac aufgießen.

Wie wird die Sauce besonders fein?

Wenn Sie das mitgekochte Suppengemüse pürieren und zum Fleischsaft geben.

Wie bindet man Saucen?

Mit *Sauerrahm:* mit Mehl glattrühren, ein bis zwei Schöpfer von der zu bindenden Sauce oder Suppe dazugeben, glattrühren und mit einem Schneebesen einrühren (so bindet man auch Kalbsgulasch). **Mit Gemüse:** vom jeweiligen Gargut etwas entwenden, mit einem Stabmixer durchmixen. Zur Verfeinerung eventuell kalte Butterstücke dazugeben.

Wie macht man Saucen ohne Bindemittel?

Man brät ein Stück vom Kalbsfuß mit. Das verstärkt erstens das Aroma der Sauce und dickt diese zweitens natürlich ein.

Was gibt süßen Saucen den letzten Schliff?

Nach dem Kochen einen halben Teelöffel Butter einrühren. Das gibt einen guten und „runden" Geschmack.

Tip: Gilt auch für Kompotte.

Welches Gefäß eignet sich zum Schneeschlagen?

Das Gefäß, in dem der Schnee bzw. auch das Obers geschlagen wird, muß absolut sauber und fettfrei sein. Wird der Schnee nicht flaumig, ist oft ein ungenügend gereinigter oder mit Fett beschichteter Kessel schuld.

Wie schlägt man Schnee am besten?

Der geschlagene Schnee gelingt Ihnen am besten, wenn das Eiklar *sehr kalt* ist. Keinesfalls darf sich Dotter ins Klar verirren. Auch das Tempo beim Schlagen ist entscheidend: anfangs langsam schlagen, dann die Geschwindigkeit forcieren.

Tip: *Eine Prise Salz gibt besonders schönen Schnee.*

Wieso gerinnt Schnee?

Schnee gerinnt beim Einrühren in heiße Speisen. Das kann man vermeiden, indem man die Speise vor dem Einrühren des Schnees etwas abkühlen läßt. Sie darf weder zu flüssig noch zu fest sein. Es empfiehlt sich folgender Trick zur Überprüfung der Festigkeit des Schnees: Beim Durchfahren mit einem Löffel muß eine Rinne entstehen, die nicht sofort wieder zusammenfließen darf.

Tip: *Gilt auch für das Einrühren von Obers.*

Wie erkennt man frischen Spargel?

An den noch leicht feuchten Schnittenden, an den frischen Spitzen, die keine Verfärbung aufweisen dürfen, und an den unverletzten strammen Stangen.

Spargel sollte ehestmöglich nach dem Stechen verwendet werden, jedenfalls nicht älter als eine Woche sein. Zu beachten: Spargel, der schon vor der Spargelsaison im Frühling angeboten wird, hat nicht selten einen langen Weg hinter sich und ist in vielen Fällen nicht mehr frisch.

Wie kocht man Spargel?

In reichlich gesalzenem, gezuckerten, mit Zitronensaft versetzten Wasser. Ein Eßlöffel Butter verfeinert die Sache noch. Ab und zu probieren, ob der Spargel schon weich genug ist.

Die Garzeit hängt von der Stärke des Spargels ab, beträgt aber durchschnittlich etwa 15 Minuten. Der ideale Spargel ist ungefähr mittelfingerstark.

Um eine leichtere Handhabung und eine gleichmäßigere Garung beim Kochen zu erzielen, kann man Spargel nach verschiedenen Stärken ordnen und portionsweise bündeln. Dazu am besten Zwirn verwenden.

Wie schält man Spargel?

Voraussetzung für das richtige Schälen ist ein Spargelschäler (Spargelschäler oder sogenannte „Sparschäler" erhält man in Fachgeschäften). Damit wird der Spargel vom Kopfende bis hin zum Strunk in einem Zug auf einer Unterlage dünn geschält *(siehe Illustration)*. Der Spargel kann auch auf der Hand aufliegen. Die holzigen Enden sollten abgeschnitten werden.

Den Spargel vor der Zubereitung lauwarm waschen und auf einem Tuch abtropfen lassen.

Tip: Beim Schälen nie an den Preis denken und immer großzügig weghobeln. Holzige Teile sind kein Eßvergnügen.

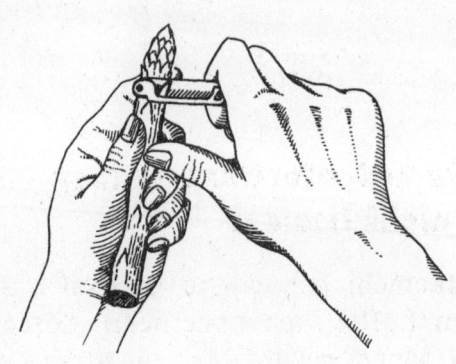

Wie wird Spargel nicht bitter?

Man gibt ins Kochwasser ein Stück Weißbrot zum Aufsaugen der Bitterstoffe. Der frische Geschmack hängt aber auch sehr von der Qualität ab. Frische Ware ist natürlich Voraussetzung.

Wie bewahrt man ungekochten Spargel auf?

Im Kühlschrank. Spitzen frei lassen, den Rest in ein feuchtes Tuch einwickeln und eventuell noch einmal mit einer Folie umwickeln. Bereits gekochten Spargel sollte man stets frisch verzehren, weil er sonst rasch Kühlschrankgeschmack annimmt.

S T Ä R K E

Wieso funktioniert das Binden mit Stärke nicht immer?

Mit Stärkemehl gebundene Speisen dürfen nie mit einem Löffel, den man beim Abschmecken schon im Mund gehabt hat, umgerührt werden. Der Grund: Menschlicher Speichel enthält ein Enzym, das Stärke abbaut. Diese verliert dann ihre Bindefähigkeit und die Speise wird dünn.

Welches Fleisch für Beefsteaks?

In unseren Breitengraden versteht man unter „Beefsteak" in erster Linie Rindsfilet, was aber nicht überall so ist. In Nord- und Südamerika beispielsweise bekommt man sehr wohl, wenn man Beefsteak bestellt, Teile von der Beiried bzw. vom hinteren Viertel der Lende, aber nur deswegen, weil die Lende dort außergewöhnlich gute Qualität aufweist.

Kaufen Sie prinzipiell nur feinfasriges Filet, und achten Sie darauf, daß es schön marmoriert ist.

Der Kauf von Rindsfilet ist absolute Vertrauenssache: Deshalb ist es wichtig, sich einen Metzger zu suchen, zu dem man dieses Vertrauen hat.

Wie bereitet man Steaks zu?

Es gibt drei klassische Arten der Zubereitung, für die es folgende englische Bezeichnungen gibt: *Well done*, *medium* oder *rare*, was soviel wie „durch", „halbdurch" oder „blutig" bedeutet.

Wir sollten hier aber auch noch die französischen Fachausdrücke nennen: *bien cuit*, *à point*, *saignant* *(bleu)*. Die klassische Garung ist medium: immer gleichmäßig rosa.

Wann ist ein Steak auf den Punkt gegart?

Das kann man durch speziellen Fingerdruck her-
ausfinden: Das Fleisch zwischen Daumen und Zeigefinger nehmen und an den Seiten leicht drücken.
Mit Daumen und Zeigefinger der anderen Hand
von oben und unten drücken, sodaß man die Konsistenz des Steaks gleichzeitig von allen Seiten er-
tasten kann *(siehe Illustration)*.
Je weniger das Fleisch gebraten ist, desto schwab-
beliger und weicher fühlt es sich an. Es gilt, beim
Braten jenen Augenblick zu erwischen, in dem nur
noch ein weicher Punkt in der Mitte des Steaks zu
erfühlen ist (in diesem Fall ist das Steak rosa).
Diese Methode ist zwar eine höchst professionelle,
bedarf aber einiger Übung, mit ein bißchen gutem
Willen schafft es jedoch jeder.

Soll man Steaks einlegen?

Ja: Das Fleisch wird wunderbar mürb, wenn Steaks ein, zwei Tage in Öl eingelegt werden.

Wie werden Steaks richtig gebraten?

Fleisch an beiden Seiten salzen, mit frischem schwarzen Pfeffer bestreuen, in heißem Öl rasch an beiden Seiten anbraten und ins Rohr stellen. Hier je nach Stärke, je nach Dicke des Steaks zwei bis drei Minuten gleichmäßig braten, danach herausnehmen und an einem warmen Ort etwa 4 Minuten rasten lassen. Kurz vor dem Servieren in aufschäumende Butter noch einmal links und rechts kurz in die Pfanne legen, damit das Steak heiß wird. Auch wenn es rastet, muß es gewendet werden, damit sich der Saft im Inneren gleichmäßig verteilt.

Anmerkung: *Grundsätzlich wird jedes Fleisch (mit Ausnahme von Leber und Nieren, siehe dort), auch Fleisch für den Grill, unmittelbar vor dem Garen gesalzen: Das Salz zieht ins Fleisch ein und hebt den Geschmack. Fleisch nachträglich zu salzen ist immer nur eine Notlösung.*

Wie wird der Strudel hauchdünn?

Die österreichische Strudelphilosophie schreibt vor, daß man durch den Strudelteig hindurch Zeitung lesen können muß. Ein wahrer Meister dieses Faches, der Wiener Chefpatissier Franz Wittmann, schwört weiters auf folgendes kleines Geheimnis: Bei der Zubereitung des Strudelteiges soll auf das Ei verzichtet werden. Das hat auch den Vorteil, daß der Teig beim Ausziehen elastisch bleibt und nicht so schnell reißt.

Tip: Eine Alternative zu dieser mühsamen Prozedur sind die im Handel erhältlichen dünnen Strudelteigblätter von sehr guter Qualität.

Wieso gerinnt das Eiweiß beim Legieren?

Legieren nennt man das Binden und Verfeinern von Suppen oder Saucen mit Obers, Eigelb oder einem Gemisch aus beidem. Um zu verhindern, daß das Eiweiß gerinnt oder das Obers ausflockt, müssen Speisen vor dem Legieren von der Kochplatte genommen werden. Außerdem sollte man sie nach dem Legieren nicht mehr stark erhitzen. Also erst kurz vor dem Servieren legieren!

Was gehört in eine Rindsuppe?

Eine Rindsuppe soll kein Gemüsefond werden. Deshalb wird nur „Suppengrün" mitgekocht, also ein bißchen Porree, Sellerie, Karotte, Liebstöckel und Petersilie. Das Verfeinern der Suppe mit Würfeln oder gekörnten Brühen halte ich für überflüssig. Wer mit dem Rindfleisch nicht spart und mit Lorbeer, Pfefferkörnern und Salz würzt, erzielt das selbe, natürlichere Ergebnis.

Wie wird Rindsuppe nicht trüb?

Trüb wird die Suppe durch sogenannte Schweb-stoffe, damit ist in erster Linie austretendes Ei-weiß gemeint.

Tip: Kochen Sie ein bißchen Leber oder ein bis zwei weiche Tomaten mit. Deren klärende Wirkung bindet die Schwebstoffe und macht die Suppe schön klar.

Gibt man das Suppenfleisch ins kochende Wasser?

Das kommt ganz darauf an: Soll es eine Rindsup-pe werden, legen Sie das Fleisch ins kalte Wasser. Dann wird das Rind „ausgelaugt", und die Fleisch-kraft ist in der Suppe. Wollen Sie aber das Fleisch z. B. als Tafelspitz servieren, so geben Sie es in ko-chendes Wasser. Dadurch werden die Poren sofort geschlossen, und das Fleisch bleibt schön saftig.

Wie bekommt die Kräutersuppe eine kräftig grüne Farbe?

Man mixt eine kleine Menge von kurz gekoch-tem, blanchierten Blattspinat hinein – und die Suppe bekommt eine schöne grüne Farbe.

Wie bringt man den Teig in die Form?

Kuchenteig läßt sich besser in die Form einlegen, wenn Sie ihn ausrollen, auf das Nudelholz rollen und so in die Form heben *(siehe Illustration)*.

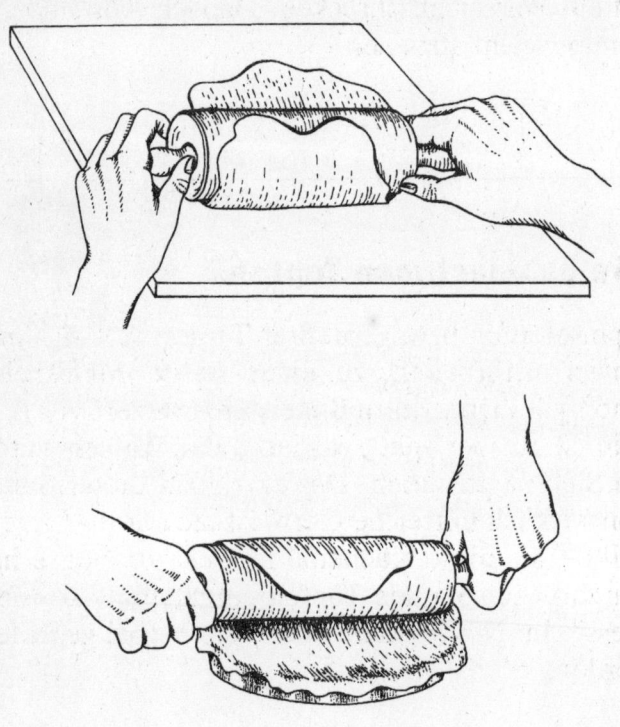

Wie schält man Tomaten?

Speziell für Tomaten-Concassee: Die Tomate vom Strunk befreien, je nach Reife etwa 7–12 Sekunden in kochendes Wasser legen. Mit einem Schaumlöffel herausnehmen und sofort in eiskaltem Wasser abschrecken. Danach läßt sich die Tomate leicht abziehen.

Wie passiert man Topfen?

Speisetopfen bzw. gepreßter Topfen läßt sich nur schwer verarbeiten, zu einer feinen Mehlspeise schon gar nicht. Er muß meistens passiert werden. Nun ist es aber sehr schwierig, den Topfen durch ein Sieb zu passieren. Das einzige in dieser Situation wirklich hilfreiche Gerät ist die „flotte Lotte". Sollten Sie diese Küchenhilfe nicht zu Hause haben, drücken Sie den Topfen durch eine Kartoffelpresse. Im Notfall kann auch zum Hobel gegriffen werden.

Wie rinnt Topfenstrudel nicht aus?

Wenn man die Masse vor dem Einfüllen kurz in den Kühlschrank stellt.

Wie platzen Würstel beim Kochen nicht auf?

Würstel läßt man in heißem Wasser etwa 15–20 Minuten nur *ziehen*, nicht kochen! Sonst platzen sie.

Tip: *Würstel vor dem Kochen in Milch wenden.*

Welches Fleisch fürs Wiener Schnitzel?

Das geeignete Fleisch wird aus der Schale geschnitten. Wenn Sie hundertprozentig sicher gehen wollen, verlangen Sie Schnitzel aus dem Kalbsrücken, da dieses Fleisch wesentlich zarter ist.
Ganz wichtig: Das Schnitzel muß *gegen* die Faser geschnitten werden *(siehe Illustration)*. Tut Ihr Metzger das nicht, dann sollten Sie sich schleunigst einen anderen suchen und ihm das auch mitteilen!
Nur mit dem richtigen Fleisch wird das Wiener Schnitzel auch schön weich!

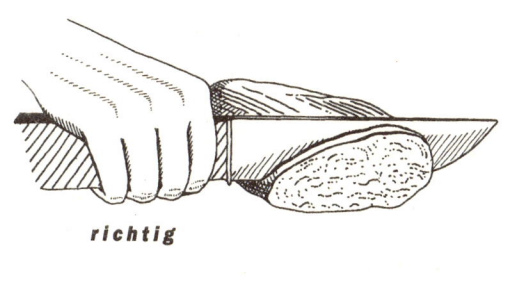

richtig

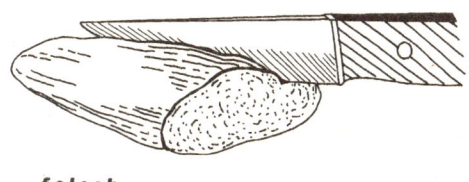

falsch

Wie klopft man das Schnitzel richtig?

Diese Prozedur sollten Sie keinesfalls Ihrem Metzger überlassen! Der „wurschtelt" das Fleisch nämlich gern durch den „Steaker". Genausowenig zum Schnitzelklopfen geeignet ist der auf der Unterseite genoppte oder gerillte Fleischklopfer – auch er zerstört die Struktur des Fleisches schlichtweg. Statt dessen verwendet man ein „Plattiereisen" (im Fachhandel erhältlich). Sollten Sie ein solches nicht zur Hand haben, tut's auch eine kompakte Pfanne.

Vor dem Klopfen ein Stück Plastikfolie mit etwas Wasser benetzen, das Fleisch in die Folie einschlagen (verhindert das Spritzen). Dann mit dem Boden der Pfanne auf das Fleisch klopfen: Nach dem Klopfen sollen die Schnitzel etwa einen halben Zentimeter dick sein.

Wie paniert man Schnitzel richtig?

Das Schnitzel wird nur gesalzen, in griffiges Mehl getaucht, durch ein aufgeschlagenes Ei (und nur durch Ei!) gezogen und zart mit dem Handrücken in Bröseln gewälzt.

Achtung: Aufpassen bei den Bröseln! Manche sind mit Salzstangerln, Schwarzbrot und Weckerln versetzt. Der darin enthaltene Kümmel verändert den Geschmack enorm. Die idealen Brösel bestehen aus reinem Weißbrot (am besten selbst reiben).

Welches Fett fürs Wiener Schnitzel?

Am besten Pflanzenfett. Obwohl das Original-Wiener-Schnitzel in Schweineschmalz herausgebacken wird, ist dies nicht jedermanns Sache. Verwenden Sie keine Butter, da diese zu schnell braun bzw. schwarz wird.

Wie bekommt das Wiener Schnitzel Wellen?

Voraussetzung ist, daß die Pfanne geräumig ist. Auch wichtig: Die Schnitzel müssen in genügend Fett bzw. Öl herausgebacken werden (etwa einen Finger hoch).

Beim Backen muß die Pfanne ständig hin- und herbewegt werden – die Fachsprache stellt dafür den klingenden Ausdruck „soufflieren" bereit.

Ob ein Schnitzel schöne Wellen bekommt, hängt auch von der Temperatur des verwendeten Fettes bzw. Öles ab. Ideal sind etwa 140 Grad (der Test: Brösel sollen in dem heißen Fett schäumen).

Wie wird das Wiener Schnitzel knusprig?

Wenn Sie am Ende des Backvorganges das Fett noch einmal erhitzen, damit sich die Panier nicht mit Fett ansaugen kann. Anschließend das Schnitzel herausnehmen und gut abtropfen lassen. Überschüssiges Fett noch mit Küchenkrepp abtupfen. Das Wiener Schnitzel muß ganz trocken sein.

Z I T R O N E N

Wie geben Zitronen mehr Saft?

Wenn man sie 15 Minuten in heißes Wasser legt, geben sie fast die doppelte Saftmenge.

Achtung: Die Früchte dürfen nicht gespritzt sein, weil sonst die Konservierungsstoffe ins Innere der Frucht eindringen können!

Wie werden Zitronen gelagert?

Nicht im Kühlschrank! Dort trocknen sie aus und verlieren das ganze Aroma. Außerdem setzt sich ihr Geruch leicht an anderen Speisen fest.

Wie lassen sich Orangen und Zitronen leichter auspressen?

Die Früchte mit der Hand kräftig auf dem Tisch rollen, dann lassen sie sich besser auspressen. Außerdem ist die Ergiebigkeit größer.

ZWIEBEL

Welche Zwiebelsorte wofür?

Weiße Zwiebeln: Sind am mildesten und werden für Reduktionen von feinen Saucen oder – geschnitten – zum Bestreuen von rustikalen Happen verwendet.

Rote: Ihrer bedient man sich in erster Linie für dekorative Zwecke, zum Beispiel für Kartoffelsalat, zum Kaviar und Beef tatare.

Gelbe: Sie stellen die schärfste Sorte unter den Zwiebeln dar, sind aber gleichzeitig am vielseitigsten verwendbar. In erster Linie für Ragoutgerichte zum Mitdünsten, Schmoren und Kochen (zum Beispiel Gulasch) sowie zum Rösten (Zwiebelrostbraten).

Wie kann man das Weinen beim Zwiebelschneiden verhindern?

Eines ist sicher: Der legendäre Schluck Wasser hilft nichts.

Achten Sie statt dessen darauf, sowohl Brett als auch Messer *feucht* zu halten. Frisch geerntete Zwiebeln sind schärfer als gelagerte – da kann es schon sein, daß Sie beim Schneiden ein bißchen weinen müssen.

Wie läßt sich Zwiebel leichter schälen?

Am besten kurz in lauwarmem Wasser einweichen, dasselbe gilt auch für Knoblauch.

Tip: *Auch die geschälte Zwiebel kurz abspülen, um anhaftende Schalen- und Erdreste zu entfernen und die Reizwirkung zu vermindern.*

Wie schneidet man Zwiebel richtig?

Zum Schneiden brauchen Sie ein großes Holzbrett! Je geräumiger, desto leichter geht die Arbeit von der Hand. Die Klinge des Messers soll mindestens 20 Zentimeter lang sein. Wurzel abschneiden, die Zwiebel halbieren. Dann zuerst *in die Richtung der Fasern* dünne Scheiben so einschneiden, daß die Zwiebelscheiben nur noch an der Spitze zusammenhängen. Die Zwiebelhälfte drehen und *gegen die Fasern* dünne Scheiben schneiden – so zerfällt die Zwiebel in feine Würfel. Die Spitze opfert man – außer man hat genügend Zeit, auch diese noch mühsam kleinzuhacken *(siehe Illustration)*.

Achtung: Bei wahllosem Drüberhacken wird die Zwiebel beim Rösten bitter!

Wie röstet man Zwiebel richtig?

Zum Rösten sollte die Zwiebel nicht zu fein geschnitten sein, sonst wird sie zu schnell bitter. Wenn sie die unverwechselbare goldene Farbe erreicht hat, dann ist sie geröstet, wird hinterher resch und zieht nicht so extrem nach. Läßt man Zwiebel zu lang im Fett, wird sie dunkelbraun und bitter.

Tip: Bestäuben Sie die Zwiebel vor dem Rösten leicht mit Mehl.

Wie werden Zwiebelringe knusprig?

Sie dürfen auf keinen Fall gesalzen werden, sonst lassen sie Wasser und werden nie knusprig. Besser ist es auch, die Ringe nicht händisch zu schneiden, sondern mit der Maschine, weil die Scheiben möglichst gleich dick sein sollten.

Tip: Eine Prise Paprika über die Ringe streuen!

Tabellenteil

Es sind oft die ganz simplen Dinge, die das Kochen kompliziert machen. Zum Beispiel das reiche Angebot an Gewürzen, Kräutern, frischem Obst und Gemüse — so reich, daß man leicht den Überblick verliert.

Aus den Tabellen ergeben sich Hunderte Möglichkeiten, Ihre Gerichte zu verfeinern.

In der **Gewürz- und Kräutertabelle** steht, welche Gerichte mit welchen Gewürzen bzw. Kräutern harmonieren.

Im **Gemüsekalender** ist festgehalten, wann welches Gemüse frisch auf den Markt kommt. Weil Gemüse dann am besten schmeckt, wenn es Saison hat.

Dasselbe gilt für **Obst**: Mit Hilfe der **Tabelle** vermeiden Sie nicht nur teure Käufe, sondern auch so manche geschmackliche Enttäuschung.

Gewürz, Kraut	Suppen, Eintöpfe	Saucen	Salate, Gemüse	Fisch
Anis	Milch-, Brot-, Obst-, Fischsuppen		Karotten-, Obstsalat, Rotkraut, Kürbis, Tomaten	
Basilikum (sparsam dosieren)	Fisch-, Tomatensuppe	Pesto, Vinaigrette u.a. Kräutersaucen, Mayonnaisen	Tomaten-, Gurkensalat, Auberginen, Zucchini, Spinat, Kohl, Kohlrabi, Pilze	gekochter, gebratener Fisch, Krabben, Hummer
Beifuß (sparsam dosieren)	Zwiebelsuppe, Gemüseeintopf	Kräutersaucen	Gurken-, gemischter Salat, Weißkraut	Aal, Karpfen, gebratener Fisch
Bohnenkraut	Bohnen-, Erbsen-, Linsen-, Gemüse-, Kartoffelsuppe		Hülsenfrüchte	
Borretsch	Kräutersuppen		Gurken-, gemischter, grüner Salat, Weißkraut	
Brunnenkresse	Suppen	Saucen	Salate	Fisch
Cayennepfeffer Chillies (sparsam dosieren)	Creme-, Fisch-, Gulasch-, Ochsenschwanzsuppe		Krabben-, Thunfisch-, Wurst-, Reis-, Tomaten-, Paprikasalat, Bohnen, Karfiol	gebratener, gegrillter Fisch, Fischeintopf, Muscheln
Chillipulver	Tomaten-, Gemüse-, Fisch-, Ochsenschwanzsuppe, Gemüseeintopf	Grill-, Fonduesaucen	Bohneneintöpfe, Paprika	gedünsteter, gebratener Seefisch

Fleisch	Geflügel, Wild	Verschiedenes	Desserts, Gebäck	Einmachen
Kalb, Lamm, Hammel, Schwein, Faschiertes	Huhn	Käsetoast, Eier, Kartoffeln, Nudeln, Joghurt	Pizza	Kräuteressig und -öl, Gurken
Kalbs-, Schweins-, Hammelbraten (fett)	Gänse-, Entenbraten, Geflügel-ragout, Wildragout, Wildschwein			
gedünstetes Fleisch, Lammragout, Fleisch-füllungen		Salzkartoffeln		
		Blüten für Getränke und Desserts, als Garnierung		
	Geflügel			
Schweins-, Rindsbraten, Steaks, Gulasch, Bratwurst, Tatar	gebratenes Geflügel, Wildschwein-braten	Risotto, Eierspeisen		
Faschiertes, Tatar, Gulasch, Ragout, süd-ländische Spezialgerichte	Huhn mit Reis			

127

Gewürz, Kraut	Suppen, Eintöpfe	Saucen	Salate, Gemüse	Fisch
Dill (nicht kochen)	Kräutersuppe	Gemüse, Dillsaucen, Bohnen, Erbsen, Gurken, Kohlrabi, Tomaten, Pilze	grüner, Gurken-, Tomaten-, Kartoffel-, Wurstsalat	Aal, Hering, andere Fische und Schaltiere in allen Zubereitungsarten
Estragon (sparsam dosieren)	Geflügel-, Fleischbrühe	Sauce Béarnaise, Hollandaise, Vinaigrette	grüner, Gurken-, Spargel-, Sellerie-, Chicoréesalat, Karotten, Tomaten	Krabben, Thunfisch, Fischragout
Fenchel	Brotsuppe		grüner, Gurkensalat, Tomaten	Fischmarinaden
Ingwer (nicht zusammen mit Kräutern)			Reis-, Geflügel-, Obstsalat, Karotten, Kürbis, weiße Bohnen	marinierter Fisch
Kapern (nicht kochen)		Kapernsauce		gekochter Fisch, Fischragouts
Kardamom	klare Brühen			gebratener Fisch
Kerbel (nicht kochen)	Kerbel-, Kartoffelsuppe	Kräuter-, Salatsaucen	Rohkost-, Tomaten-, Kartoffel-, grüner Salat, Erbsen, Spinat	gekochter, gebratener, gegrillter Fisch

128

Fleisch	Geflügel, Wild	Verschiedenes	Desserts, Gebäck	Einmachen
Kalb-, Lamm-, Hammel- fleisch, Sauerbraten, Leber				Gurken, Kräuteressig und -öl
			Kuchen, Brot	
	Geflügel- gerichte	Reisgerichte	Gebäck, Konfekt, Kompott	
Kalbfleisch, Ragouts, Tatar, Faschiertes	Hühner- gerichte			
Kalb, Lamm, Wurstwaren, Faschiertes, orientalische Gerichte	Wildpastete	Reisgerichte (Pilaw), Glühwein, Punsch	Kompott, Lebkuchen, Kleingebäck	
	Hühner- gerichte			

Gewürz, Kraut	Suppen, Eintöpfe	Saucen	Salate, Gemüse	Fisch
Knoblauch (vorsichtig dosieren)	Gulasch-, Kartoffel-, Tomaten-suppe, Eintöpfe	Knoblauch-, Tomaten-, Salatsaucen	Fisch-, Fleisch-, Gemüse-, grüner Salat, Spinat, Tomaten, Auberginen, Zwiebel-gemüse, Paprika, Pilze	gegrillter, gekochter Fisch
Koriander (vorsichtig dosieren)	Hülsenfrucht-, Wildsuppen, Eintöpfe Balkanart	Marinaden	Pilze	
Kresse Gartenkresse (nicht kochen)	klare Brühe, Kräutersuppen	helle Saucen, Kräutersaucen		gedünsteter Fisch, Langusten, Krabben, Krebse
Kreuzkümmel Kumin	gebundene Suppen	Currysaucen	Reissalat	
Kümmel	Kartoffel-, Pilzsuppe, Eintöpfe		Wurst-, Käse-, Kraut-, Rote-Rüben-Salat, Weiß- und Rotkraut, Tomaten	gekochter Fisch, Thunfisch, Langusten, Krebse
Kurkuma Turmeric		scharfe Saucen, Senfsauce	Fischsalat	Fischcurry
Liebstöckel (vorsichtig dosieren)	Fleischbrühe, Sellerie-, Karfiol-, Tomaten-, Kartoffelsuppe		gemischter, grüner Salat, Spinat, Kohlrabi	

130

Fleisch	Geflügel, Wild	Verschiedenes	Desserts, Gebäck	Einmachen
Schwein, Lamm, Hammel, Schaschlik, gebratenes Hirn, Faschiertes	Huhn, Geflügel-füllungen	Currys, Schnecken, Muscheln, Bratkartoffeln		Kräuteressig und -öl, eingelegte Pilze
exotische Gerichte, Rind, Schwein, Hammel, Lamm, Wurstwaren	Geflügel-füllungen, Geflügel-, Wildpasteten, Wildbeizen			
	Geflügel-füllungen	Kräuterbutter und -topfen, Bratkartoffeln, Dekoration, Eierspeise		
Chili con carne, Faschiertes	exotische Geflügel-gerichte		exotisches Gebäck	
Schwein, Lamm, Hammel, Faschiertes, Gulasch, Stew			Kümmel-, Käsegebäck, Zwiebel-kuchen, Brot	
Rindfleisch	Hühnercurry			
gekochtes u. gebratenes Rindfleisch, Lamm, Fleisch-füllungen, Pasteten	Geflügel-ragouts	Kräuterbutter, Bauernfrüh-stück, Rührei, Omelett		

Gewürz, Kraut	Suppen, Eintöpfe	Saucen	Salate, Gemüse	Fisch
Lorbeer (sparsam dosieren)	Kartoffel-, Tomaten-, Gemüse-, Ochsenschwanzsuppe, Fleischbrühe	braune Saucen	Heringssalat, Sauerkraut, Weißkraut, Auberginen, Kartoffelgemüse	
Majoran (sparsam dosieren)	Kartoffel-, Tomaten-, Bohnen-, Gemüsesuppe, Eintöpfe	Braten-, Obers-, Kräutersaucen		
Meerrettich Kren (nicht kochen)		Meerrettich-, Tomatensauce, Salatmarinaden	grüner, Tomatensalat, Rote-Rüben-Salat	
Minze (vorsichtig dosieren)	Zitronensuppe	Minzsauce, Salatsaucen mit Joghurt, Tomatensauce	Gemüse-, Gurken-, Käse-, Obstsalat, Erbsen, Karotten, Bohnen	
Muskatnuß (vor Kindern sichern)	Geflügel-, Gemüse-, Pilzcremesuppen, Irish Stew, Fleischbrühe	helle, Kräuter-, Käsesaucen, Sauce Hollandaise	Spargel-, Bohnen-, Kartoffel-, Käsesalat, Spinat, Kohl, Erbsen, Schwarzwurzeln	
Nelke (vorsichtig dosieren)	Erbsen-, Reissuppe, Fleischbrühe	braune, Pilzsauce	Rote-Rüben-, Obstsalat, Rotkohl, Grünkohl, Marinaden	
Oregano	Tomaten-, Bohnensuppe, Hülsenfrüchte, Fleischbrühe	Tomaten-, Kräuter-, Salatsauce	Tomaten-, gemischter Salat, Bohnen-, Erbsen-, Tomatengemüse	

Fleisch	Geflügel, Wild	Verschiedenes	Desserts, Gebäck	Einmachen
Marinaden, Frikassee, gekochtes Kalb, Rind, Sauerbraten, Ragout, Faschiertes, Schischkebab	Marinaden, gekochtes Geflügel, Geflügelragouts, Wildgeflügel, Pasteten			
Schwein, Hammel, Leber, Nieren, Faschiertes	Huhn, Ente, Gans, Ragouts, Füllungen	Leberknödel, Kräuterbutter, Bratkartoffeln		
gekochtes Rindfleisch, Würstel, Grilladen		verlorene Eier, belegte Brote		
Hammel, Lamm, Kalb, Rind, Faschiertes		Mittelmeergerichte, sommerliche Getränke, Cocktails		
Schwein, Hammel, Kalb, Faschiertes	gekochtes Geflügel	Kartoffelpüree, -klöße, Grießnockerln, Eierstich, Eierspeise		
	Wildgerichte und -marinaden	Punsch, Feuerzangenbowle, Glühwein	Kompotte, Pudding, Weihnachtsgebäck	süß-sauer Eingelegtes
Schwein, Kalb, Gulasch, Chili con carne	Geflügelfüllungen, Wildgeflügel			

Gewürz, Kraut	Suppen, Eintöpfe	Saucen	Salate, Gemüse	Fisch
Paprika (nicht in heißes Fett geben)	Gulasch-, Gemüse-, Ochsen- schwanzsuppe, Eintöpfe	Bratensaucen, Tomatensauce	Fleisch-, Wurst-, Geflügel-, Reis-, Tomaten-, Kartoffelsalat	gebratener Fisch, Fischgulasch
Petersilie (nicht kochen)	Suppen	Petersilien-, Kräuter-, Salatsaucen, Sauce Bolognese	salzige Salate, alle Gemüse- gerichte	gekochter, gebratener, gegrillter Fisch
Pfeffer grün Früchte (eingelegt oder ge- trocknet)	Tomaten-, Geflügel- suppen, Paprika- eintopf	feine helle Saucen, Vinaigretten	pikante Salate	gegrillter Fisch
Pfeffer schwarz Früchte (getrocknet)	Fleischbrühe (ganze Körner), dunkle Suppen, Hülsenfrucht- suppen	Bratensaucen	Fleisch-, Gemüse-, grüne Salate, Erbsen, Tomaten, alle Kohlsorten, Pilze	gebratener, gekochter Fisch (speziell Aal), Muschelsud
Pfeffer weiß Früchte (getrocknet)	klare und gebundene helle Suppen	Salatsaucen, helle, Käsesaucen, Remoulade	salzige Salate, Bohnen, Kohl, Karotten, Pilze	gebratener, gekochter Fisch, Auflauf
Piment (sparsam dosieren)	Ochsen- schwanz-, Erbsen-, Gemüsesuppe, Fleischbrühe			
Pimpinelle	Kartoffel-, Tomaten-, Pilzsuppe, Fleischbrühe	Kräuter-, Salatsaucen		gekochter, gebratener Fisch (Aal, Hecht)

Fleisch	Geflügel, Wild	Verschiedenes	Desserts, Gebäck	Einmachen
Schwein, Kalb, Gulasch, Chili con carne	gebratenes Geflügel, Frikassee, Wildgerichte, Wildgeflügel	Spiegel-, Rühreier		
Schwein, Rind, Kalb, Lamm, Innereien, Faschiertes	Hühner- gerichte, Geflügel	Kartoffel- gerichte, Kräuterbutter und -topfen, Eiergerichte		
Steaks, Pasteten, Fleisch- füllungen	Wildgerichte	pikanter Topfen, Pfefferbutter, Omelett, Käse	pikante Desserts	
Steaks, Schweins-, Sauerbraten, Rouladen	Huhn, Ente, Gans, Puter, Wildgerichte, Marinaden	Gemüse- Fleisch- Aufläufe, Tomatensaft	Salzgebäck	Essiggemüse, Pickles
Schwein, Rind, Lamm, Kalb, Huhn, Faschiertes	Geflügel- gerichte	Nudel- gerichte, Risotto, Kartoffel- gerichte	Salzgebäck, Pfeffernüsse	Essiggemüse, Pickles
Lammragout, Sauerbraten, Hirn, Nieren, Wurstwaren	Gans, Wildgerichte, Marinaden für Wild		Gewürz- kuchen, Lebkuchen u.a. Weih- nachtsgebäck	
Frikassee, Ragout (Kalb)				

Gewürz, Kraut	Suppen, Eintöpfe	Saucen	Salate, Gemüse	Fisch
Rosmarin (frisch sparsam verwenden)	Pilz-, Tomaten-suppe, Minestrone		Tomaten-, Käse-, italienischer Salat, Pilze, Auberginen-gemüse	gebratener Fisch, Krabben, Marinaden
Safran	Fleisch-, Geflügel-brühe, Fischsuppe	Fischsaucen	Reis-, Fischsalat, Spargel, Tomaten	gekochter Fisch, Krustentiere in Sauce
Salbei (vorsichtig dosieren)	Fleischbrühe, Creme-, Fischsuppen	Kräuter-, Salatsaucen	Fisch-, Geflügel-, grüner Salat, Rohkost, Erbsen, Bohnen, Kohlsprossen, Tomaten	
Sauerampfer (nur frisch)	Kräutersuppe	Kräutersauce, Sauce Hollandaise		Fisch, Krustentiere, Fisch-füllungen
Senf		Salatsaucen, Mayonnaisen, Sauce Vinaigrette, Senfsauce	süß-saure, pikante Salate	Fisch-marinaden (Samen), Sauce zum Fisch
Sesam (geröstet nußartig)		Salatsaucen (Sesamöl, -paste)	Geflügelsalat, Gemüse-gerichte (Spinat, Broccoli, Karfiol)	
Tabascosauce (tropfenweise verwenden)	Fisch-, Muschelsuppe	dunkle Saucen, Mayonnaisen	Fischsalate, Tomaten, weiße Bohnen, Weißkraut	Austern, Hummer, Krevetten, Marinaden

Fleisch	Geflügel, Wild	Verschiedenes	Desserts, Gebäck	Einmachen
Schwein, Rind, Kalb, Lamm, Grilladen, Wurst	Huhn, Wildgerichte			
Lamm, Hammel, Leber	Geflügel-gerichte	Reisgerichte (Paella), exotische Gerichte	Grießbrei, süßer Reis, Pudding, Gebäck	
	Huhn, Ente, Gans, Puter, Wild, Wildgeflügel			
Kalbsfilet				
Schweins-braten, Rouladen, Faschiertes, Marinaden (Samen), Würstel	Wild-marinaden und -braten (Samen), gegrilltes Huhn			
exotische und amerikanische Gerichte aus Rind, Schwein	Geflügel-gerichte		Kuchen, Sandwich, Konfekt (Halwa)	
Kalbsgulasch, südamerikani-sche Gerichte	gegrilltes Geflügel			

Gewürz, Kraut	Suppen, Eintöpfe	Saucen	Salate, Gemüse	Fisch
Vanille	Obst-, Milchsuppe	Obst, Vanille-, Schokoladen-sauce	Obstsalate	
Wacholder	Wildsuppen	Braten-, Wildsaucen, Beizen	Sauerkraut, Rotkraut, Rote Rüben	Marinaden
Waldmeister	Obstsuppen		Obstsalate, Rohkost	
Wermut (vorsichtig dosieren)		Salatsaucen		
Ysop (nur frisch)	Bohnen-, Kartoffel-suppe	Salatsaucen	Bohnen, Pilze	Fischeintopf
Zimt	Milch-, Obst-, Weinsuppe	Wein-, Obstsaucen	Obstsalate	
Zitronen-melisse (nicht kochen)		Kräuter-, Salatsauce		
Zitronengras				exotische Fischgerichte

Fleisch	Geflügel, Wild	Verschiedenes	Desserts, Gebäck	Einmachen
		Milch-getränke, süße Aufläufe	Kompott, Milchreis, Pudding, Kuchen, Gebäck, Topfen	süß-saure Früchte, Likör
Rinds-, Hammel-ragout, Sauerbraten	Wildragout, Wildmarinade			
		süße Aufläufe, Bowlen	Sorbets	
			Sorbets	
Schweins-braten, kalter Braten, Rouladen	Wildmarinade			Kräuteressig
exotische Gerichte		süße Aufläufe, Punsch, Glühwein		
			Desserts, Garnituren	

	Jan.	Feb.	März	Apr.	Mai	Juni	Juli	Aug.	Sept.	Okt.	Nov.	Dez.
Artischocken			■		■	■						
Auberginen							■	■	■	■		
Broccoli	■	■	■							■	■	■
Chicorée	■	■	■							■	■	■
Endiviensalat	■	■	■						■	■	■	■
Erbsen			■		■	■		■		■		■
Fenchel			■	■					■	■		■
Fisolen							■	■	■	■		
Gurken						■	■	■	■	■		
Karfiol										■	■	■
Karotten	■	■	■		■	■	■	■	■	■	■	■
Kartoffeln			■				■	■	■	■	■	■
Knollensellerie	■	■							■	■	■	■
Kohlrabi					■				■	■		
Kopfsalat					■	■			■	■		
Lauch	■	■								■	■	■
Paprikaschoten							■	■	■	■		

	Jan.	Feb.	März	Apr.	Mai	Juni	Juli	Aug.	Sept.	Okt.	Nov.	Dez.
Rosenkohl	■	■							■	■	■	■
Rote Rüben	■	■							■	■	■	■
Rotkraut			■				■	■		■	■	■
Spargel				■	■	■						
Spinat			■	■							■	■
Staudensellerie			■	■				■	■	■	■	■
Tomaten								■	■	■		
Vogerlsalat	■	■	■	■				■	■	■	■	■
Weißkraut			■	■	■		■	■	■	■	■	■
Wirsing	■											
Zucchini										■		

Obstkalender

	Jan.	Feb.	März	Apr.	Mai	Juni	Juli	Aug.	Sept.	Okt.	Nov.	Dez.
Ananas	■	■	■	■	■	■	■	■	■	■	■	■
Äpfel	■	■	■	■	■	■	■	■	■	■	■	■
Avocados	■	■	■	■	■	■	■	■	■	■	■	■
Bananen	■	■	■	■	■	■	■	■	■	■	■	■
Birnen	■								■	■	■	■
Brombeeren							■	■	■	■		
Cherimoyas	■	■	■	■							■	■
Datteln	■								■	■	■	■
Erdbeeren					■	■	■					
Feigen								■	■	■		
Grapefruits	■	■	■	■							■	■
Heidelbeeren							■	■	■			
Himbeeren						■	■	■	■	■		
Holunderbeeren								■	■	■		
Johannisbeeren						■	■	■				
Khakifrüchte	■										■	■
Kirschen					■	■	■					

	Jan.	Feb.	März	Apr.	Mai	Juni	Juli	Aug.	Sept.	Okt.	Nov.	Dez.
Kiwis	░	░	░								░	░
Mandarinen	░	░	░	░							░	░
Mangos	░	░	░	░	░	░	░	░	░	░	░	░
Marillen (Aprikosen)						░	░	░				
Orangen	░	░	░	░							░	░
Pfirsiche						░	░	░	░			
Quitten									░	░		
Stachelbeeren						░	░					
Weintrauben								░	░	░	░	
Zitronen	░	░	░	░	░	░	░	░	░	░	░	░
Zwetschken (Pflaumen)								░	░			